Highlights

KB196392

똑똑해지는

최고로
어려운
숨은그림찾기1

숨은그림찾기, 낱말 퀴즈, 미로 찾기,
영어 퍼즐, 다양한 스도쿠, 사고력 퍼즐

숨은그림찾기

글자 퍼즐

기발한 숨은그림찾기

어떤 외계인일까?

아래 설명에 알맞은 외계인을 찾아보세요.

- 귀가 2개 이상이다.
- 모자나 왕관을 쓰지 않았다.
- 입 주위에 튀어나온 기다란 기관이 있다.
- 먹을 것을 들고 있다.
- 보라색 머리카락이 아니다.
- 눈이 4개보다 적다.

숨은 글자와 그림 찾기

비버들이 재미있게 놀고 있어요. 왼쪽에서는 숨은 영어 단어 8개,
오른쪽에서는 숨은 그림 8개를 찾아보세요.

찾아낸 숨은 영어 단어를 아래 빈칸에 적어 보세요.

_ _ _ _ _   _ _ _ _ _ _

_ _ _ _ _   _ _ _ _

_ _ _ _ _   _ _ _ _

_ _ _ _   _ _ _ _ _ _ _ _ _ _ _ _

궁전 미로

아래 미로를 빠져나가 보세요.
숨은 깃발, 용, 기사, 박쥐 2마리, 돛이 3개인 배도 찾아보세요.

동물 샤워장

이 그림을 1분 동안 자세히 살펴보세요.
그런 다음 10쪽으로 가서 기억력을 테스트해 보세요.

Art by Brian White

기억력 테스트

9쪽에서 본 그림을 기억해 내면서 아래 질문에 답을 해 보세요.

❶ 솔을 들고 있는 동물은 몇 마리였나요?　　3　　2　　1

❷ 달팽이는 뭘 하고 있었나요?
거북이를 문지르고 있었다　　자고 있었다　　줄 서서 기다리고 있었다

❸ 아래 물건 중에 그림 속에 없었던 것은 무엇이었나요?
스펀지　　천　　양동이

❹ 도마뱀의 색깔은 무엇이었나요?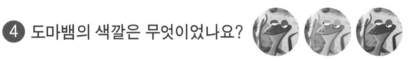

❺ 숨겨진 퍼즐 조각은 어디에 있었나요?
나무 위에　　땅 위에　　작은 거북이 등껍질 위에

이동 시간 퍼즐

멜로디 부부는
새로운 집으로 이사를 가려 해요.
음악 선생님인 남편은
일주일에 5일 출근해요.
악기 가게를 하는 부인은
일주일에 6일 출근해요.
어느 집으로 이사 가야
직장에 출근하는 이동 시간을
가장 적게 할 수 있을까요?

Art by Chris Fliopoulos

로봇 속에서 찾기

로봇으로 가득 찬 그림에서 로봇이 아닌 걸 찾아보세요.
빛나는 직사각형으로, 빵을 데우는 데 사용하는 물건이에요.

보너스
12개의 전구, 뒤집개,
차가운 간식을
찾아보세요.

Art by Travis Foster

11

나무 심는 날

나무를 심기 좋은 날이에요. 그림 속에서 무엇을 찾아야 할지
아래 퀴즈를 풀어 빈칸에 영어로 써 보세요. 각 숫자에 알맞은 알파벳을 쓰면
오른쪽 수수께끼도 풀 수 있어요.

1 끼면 손을 따뜻하게 해 주는 물건

— — — — — —
　　　　　6

2 C자 모양으로 밤하늘을 밝게 비춰 주는 것

— — — — — — — —
　　　7　　　　　　16

— — — —
　　11

3 바느질할 때 실을 꿰어 쓰는 뾰족한 것

— — — — — — —
　　　　15

4 물건의 길이를 잴 때 쓰는 것

— — — —
17　　　8

5 편지를 넣는 봉투

— — — — — — —
　　　　　　　2

6 왕이나 여왕이 머리에 쓰는 것

— — — — —
　　12

7 '사랑'을 뜻하는 도형의 이름

— — —
　3

8 그림 그릴 때 쓰는 기다란 것

— — — — — — —
　　10

— — — —
14

9 위에 치즈나 페퍼로니를 올리는 것

SLICE OF

— — — — —
　　　　1

10 노랗고 신 과일

WEDGE OF

— — — —
　　5

11 어두울 때 앞을 비추는 데 쓰는 것

— — — — — — — — —
　4　　　　　　　　13

12 반숙 혹은 완숙으로 먹는 것

— — —
9

어떤 나무에 손이 있나요?

$\underset{1}{\_\_}$ $\underset{2}{\_\_}$ $\underset{3}{\_\_}$ $\underset{4}{\_\_}$ $\underset{5}{\_\_}$ $\underset{6}{\_\_}$ $\underset{7}{\_\_}$ $\underset{8}{\_\_}$ $\underset{9}{\_\_}$.

나무가 마시는 음료수는?

$\underset{10}{\_\_}$ $\underset{11}{\_\_}$ $\underset{12}{\_\_}$ $\underset{13}{\_\_}$ $\underset{14}{\_\_}$ $\underset{15}{\_\_}$ $\underset{16}{\_\_}$ $\underset{17}{\_\_}$.

13

거북이 경주

써야 할 단어들

3글자
BOG 늪지거북
BOX 상자거북
MAP 지도거북

4글자
MUSK 사향거북
WOOD 나무거북

5글자
BLACK 검정거북
GREEN 초록거북

7글자
PAINTED 비단거북
SPOTTED 점박이거북

8글자
FALSE MAP 거짓지도거북
FLATBACK 납작등거북
SNAPPING 악어거북
STINKPOT 냄새거북
TERRAPIN 자라거북

9글자
BLANDING'S 블랜딩스거북
HAWKSBILL 매부리거북
YELLOW MUD 노랑진흙거북

10글자
EASTERN MUD 동부진흙거북
~~LOGGERHEAD 붉은바다거북~~
POND SLIDER 연못거북

11글자
KEMP'S RIDLEY 켐프스바다거북
LEATHERBACK 장수거북
OLIVE RIDLEY 올리브바다거북
RIVER COOTER 강늪거북

14글자
RED-EARED SLIDER 붉은귀거북
SPINY SOFTSHELL 가시자라거북

15글자
SMOOTH SOFTSHELL
스무드자라거북

XING

SLOW

이 경주에는 27종류의 거북이 참가해요.
아래 빈칸 수에 맞는 알파벳 이름을 알맞게 채워 넣으세요.

LOGGERHEAD

숨은 곰 찾기

당근밭에 숨은 곰 20마리를 찾아보세요.

공통점 찾기

아래 그림을 잘 보고 영어 단어로 말했을 때 단어에 공통적으로 ing가 들어가는 9개의 활동이나 물건을 알아맞혀 보세요.

Art by James Yamasaki

해달은 어디에?

설명을 잘 읽고 아래 빈칸을 채워 보세요.

아래 표 안의 숫자들은 그 숫자의
주변(위, 아래, 오른쪽, 왼쪽, 대각선)에
해달이 몇 마리 있는지 나타내요.
해달이 들어갈 수 없는 빈칸에 X표를 하고,
해달이 들어갈 빈칸에 SO표를 하세요.

도움말:

• 숫자 있는 칸에 해달은 들어갈 수
  없어요.
• 숫자 0과 닿아 있는 칸에 X표를
  하세요.
• 해달이 있다고 확신하는 곳에 먼저
  SO표를 하세요. 연필과 지우개를
  써서 해달이 들어갈 자리를
  이리저리 궁리해 보세요.

이 표에는 해달이 4마리 있어요.

1			
	1		1
1		1	
	2		

이 표에는 해달이 10마리 있어요.

2			0		1
1		4			1
1		2		4	

도전! 숨은그림찾기

동물들이 암벽 등반을 하고 있어요.
힌트 없이 25개의 숨은 그림을 찾아보세요.

Art by Brian Michael Weaver

바닷속 탐험

바닷속 퀴즈의 정답을 따라가면 미로를 통과할 수 있어요.

출발

1
어느 바다가
더 큰가요?

태평양

대서양

3
지구에서 가장 큰 동물은
무엇일까요?

백상아리

흰긴수염고래

2
그레이트배리어리프
(세계에서 가장 넓은 산호초 군락)는
어느 나라에 있나요?

칠레

오스트레일리아

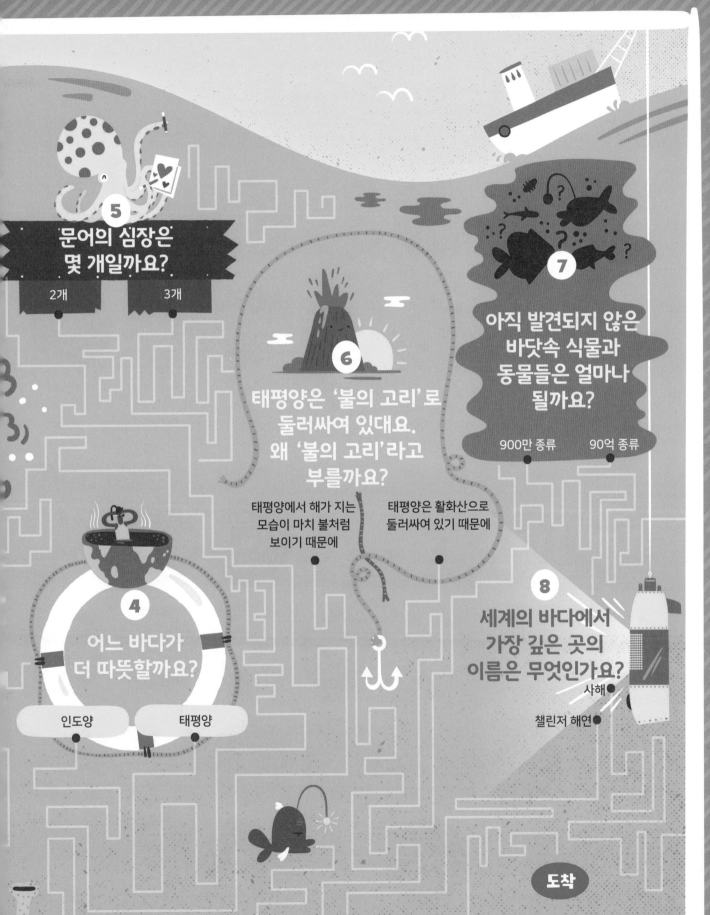

5
문어의 심장은
몇 개일까요?

2개   3개

6
태평양은 '불의 고리'로
둘러싸여 있대요.
왜 '불의 고리'라고
부를까요?

태평양에서 해가 지는
모습이 마치 불처럼
보이기 때문에

태평양은 활화산으로
둘러싸여 있기 때문에

7
아직 발견되지 않은
바닷속 식물과
동물들은 얼마나
될까요?

900만 종류   90억 종류

4
어느 바다가
더 따뜻할까요?

인도양   태평양

8
세계의 바다에서
가장 깊은 곳의
이름은 무엇인가요?

사해

챌린저 해연

도착

Art by Shaw Nielsen

23

짝 없는 도넛 찾기

제빵사들은 3,739파운드짜리 도넛을 만든 적이 있어요.

도넛은 수 세기 동안 계속 만들어졌어요.

같은 도넛을 찾아 둘씩 짝지어 보세요.
그중에 짝이 없는 도넛을 찾아보세요.

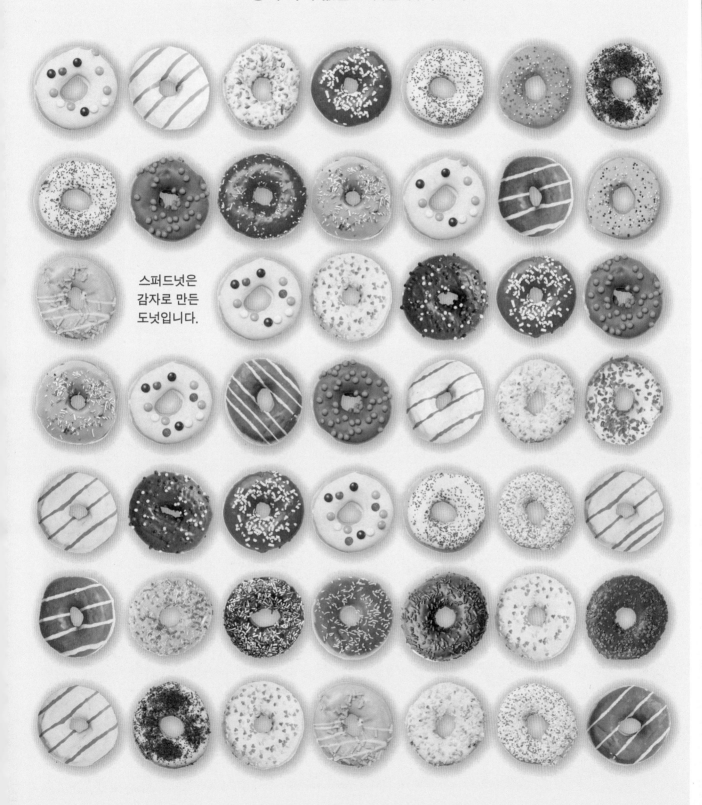

스퍼드넛은
감자로 만든
도넛입니다.

북극 동물들

5개의 조각 퍼즐이 각각 어디에 숨었는지 찾아보세요.

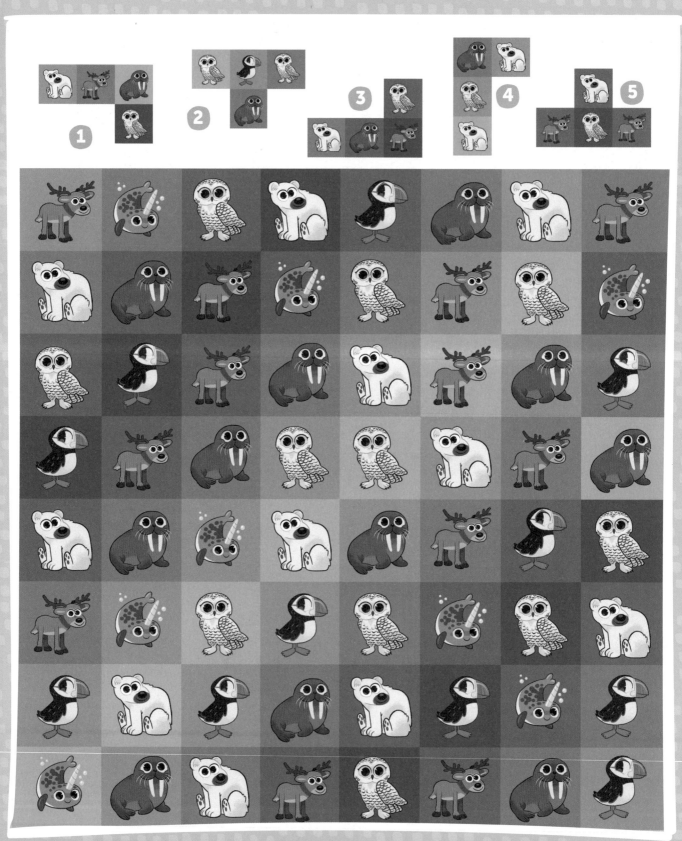

펭귄과 하키

그림 속에서 사진기, 텔레비전, 체스 게임, 마술지팡이, 고양이,
카드, 얼룩말, 축구공, 귀마개, 턱시도, 스컹크, 신문, 달마티안 개,
야구모자, 8자가 있는 공을 찾아보세요.

보너스
흑백 색깔 쿠키
5개도
찾아보세요.

6개씩 찾아라

그림 장면마다 아래 물건들 중에
6개가 숨어 있어요.
한번 찾아보세요.

찾아야 할 숨은 그림
반창고(5군데)
당근(2군데)
머리빗(4군데)
그믐달(4군데)
편지 봉투(4군데)
깃털(2군데)
하키스틱(3군데)
팝콘(4군데)
물주전자(2군데)
조각 피자(2군데)
나사못(2군데)
와플(2군데)

보너스
두 장면에서는 서로
똑같은 종류의 숨은
그림을 찾을 수 있어요.
어떤 장면인가요?

Art by Brian Michael Weaver

꽃잎 퀴즈

아래 퀴즈를 풀어 정답을 영어 단어로 생각해 보세요.
정답의 알파벳을 각 숫자에 맞게 오른쪽 꽃잎에 쓰세요.

시계 방향

1. '흙'의 다른 말
2. 전화에 대고 하는 것
3. 가시가 있는 꽃
4. 약간 젖은 축축한 상태
5. 갈퀴나 삽을 부르는 말
6. 작고 둥글게 맺힌 액체 덩어리
7. 대에 노란 알갱이가 빼곡한 곡식
8. 이름이 Sharp와 비슷한 물고기
9. 땅을 파거나 흙을 고르는 데 쓰는 농기구들
10. 빨간 뿌리채소
11. 돼지 삼 형제를 쫓는 동물
12. 야구에서 선수들의 그룹을 부르는 말
13. 소고기와 돼지고기를 통틀어 이르는 말
14. 돈을 나중에 돌려받기로 하고 주는 것
15. 하늘을 나는 깃털 달린 생물
16. 트럭에 싣는 것
17. 정원사가 싫어하는 것
18. 두부, 두유에 공통적으로 들어가는 것

시계 반대 방향

1. 식물의 열매 속에 있어서 앞으로 자라날 것
2. 개구리랑 비슷하게 생긴 생물
3. 하늘에서 내리는 물
4. 사람 모양으로 만든 장난감
5. 힘들지만 꼭 해야 하는 일이나 임무
6. 반구형으로 된 지붕
7. 논밭에 가꿔 거두는 곡식
8. 음식을 차게 식히는 것
9. 세모꼴의 틀에 현을 걸어 연주하는 악기
10. 내가 태어난 날:The day I was _____
11. 눈물을 흘리는 행동
12. 발에 다섯 개씩 있는 것
13. 햇볕 아래서 얼음은 어떻게 되나?
14. 식물에서 광합성을 하는 부분
15. 빛의 줄기
16. 헝겊에 부풀어 일어나는 가는 털
17. 문장보다 작은 말의 단위
18. 작은 구슬

숨바꼭질하는 여우

아래 그림에서 숨은 그림 16개를 찾아보세요.

양쪽 그림을 보고 다른 그림을 10군데 이상 찾아보세요.

Art by Lee Cosgrove

발에 관한 퍼즐

발과 관련된 아래 영어 단어들을 오른쪽 표에서 찾아 묶으세요. 발은 영어로
FOOT이고 오른쪽 표에서는 그림 글자  로 표시되어 있어요. 각 단어의 나머지
알파벳은 가로, 세로 혹은 대각선으로 배열되어 있어요. 알파벳은 서로 겹치기도
하고 배열이 거꾸로 되어 있기도 해요. 단어를 다 찾아 묶은 뒤에 남은 알파벳을
순서대로 쓰면 오른쪽 수수께끼의 정답을 알 수 있어요.

찾아야 할 단어

BAREFOOT 맨발

BEST FOOT FORWARD 최선을 다하다

BIGFOOT 빅풋(전설 속 괴물)

CROWFOOT 미나리아재비

FLATFOOT 평발

FOOT FAULT 풋 폴트
(발로 라인을 밟는 반칙)

FOOT THE BILL 비용을 부담하다

FOOTBALL 미식축구

FOOTBATH 족욕

FOOTBRIDGE 육교

FOOTGEAR 신는 것

FOOTHILL 작은 언덕

FOOTHOLD 발판

FOOTLIGHT 각광

FOOTLOCKER 작은 사물함

FOOTLOOSE 매인 데 없는

FOOTMAN 하인

FOOTNOTE 각주

FOOTPATH 오솔길

FOOTPRINT 발자국

FOOTRACE 도보 경주

FOOTREST 발받침

FOOTSTEP 발걸음

FOOTSTOOL 발받침

FOOTWORK 발놀림

HOTFOOT 서둘러

SURE-FOOTED
발을 단단히 딛고 선

TENDERFOOT 풋내기

UNDERFOOT 발밑에

T H E D F A U L T B
T S L P L L L I H E L E
N E T L L O T R E N O S
I R F O I L A H E D O T
R R O B O B N E S
P E T S L E C O R E F
O P A T H H K T S O
H T O W O R C T E R
R G M U N D E R R W W
O A B A L I G H T A O A
N R E B R I D G E C R R
E F O G O (B A R E) E K D
S U R E E D F L A T T

영어로 답하는 수수께끼

왜 곰은 양말을 신지 않을까요?

__ __ __ __ __ __ __ __ __ __ __ __ __

__ __ __ __ __ __ __ __ __.

Art by Erin Hunting (bear)

35

숨은 글자와 그림 찾기

아이들이 신나게 놀고 있어요. 왼쪽에서는 숨은 영어 단어 8개,
오른쪽에서는 숨은 그림 8개를 찾아보세요.

찾아낸 숨은 영어 단어를 아래 빈칸에 적어 보세요.

_ _ _ _   _ _ _ _ _   _ _ _ _

_ _ _ _ _ _ _ _ _ _ _   _ _ _ _   _ _ _ _ _ _

_ _ _ _ _ _   _ _ _ _

_ _ _ _ _ _ _ _   _ _ _ _ _ _

Art by Kevin Rechin

그랜드 캐니언 미로

마야와 아빠가 세 명이 모여 있는 곳에 가는 길을 찾아 주세요.

어떻게 갈까?

시드는 자기 집 마당에서 중고품을
팔고 싶어 해요. 거리마다 건물마다
광고하는 간판을 걸려고 해요.
모든 길을 겹치지 않게 한 번씩만
지나가는 길을 찾아보세요.

• 출발과 도착은 시드의 집(A)이에요.
• 처음에 약국부터 가요.
• 같은 길을 두 번 지나지 않아요.

힌트: 같은 건물을 두 번 지나는 건 괜찮아요.

야구공 받기

이 그림을 1분 동안 자세히 살펴보세요.
그런 다음 42쪽으로 가서 기억력을 테스트해 보세요.

Art by Brian Michael Weaver

기억력 테스트

41쪽에서 본 그림을 기억해 내면서 아래 질문에 답을 해 보세요.

① 안경을 쓴 아이는 모두 몇 명이었나요?   4   2   3

② 관중들이 응원하는 팀은 어느 팀이었나요?
로켓 팀   제트 팀   애스트로 팀

③ 이 아이의 모자는 무슨 색깔이었나요?

④ 외계인의 눈은 몇 개였나요?

⑤ 숨겨진 퍼즐 조각은 어디에 있었나요?
좌석에   나무에   우주선에

빵 가격 계산

땅돼지는 1봉투에 4달러를 받고 빵을 팔아요.
땅돼지는 몇 봉투를 팔아서 얼마를 벌었나요?
아래 도움말을 이용해 계산해 보세요.

도움말:
·코뿔소는 12봉투를 샀어요.
·하마는 12달러를 냈어요.
·코끼리는 코뿔소의 2배를 샀어요.
·기린은 코끼리보다 28달러 덜 냈어요.

보너스
계량컵 5개를
찾아보세요.

닭 속에서 찾기

닭으로 가득 찬 그림에서 닭이 아닌 걸 찾아보세요. '메에' 하고 울고 수염이
있으며 절벽에 오르는 것을 좋아하는 생물이에요.

보너스
12개의 달걀,
필기도구, 과일 조각,
샌드위치 재료를
찾아보세요.

Art by Travis Foster

한밤의 산책

아래 알파벳 암호를 보고 빈칸을 채우면 오른쪽 숨은 그림 18개의 이름을 알 수 있어요.
숨은 그림을 다 찾은 뒤에는 예쁘게 색칠해 보세요.

1 X Z M → C A N

2 X Z M W B   X Z M V

3 R X V - X I V Z N   X L M V

4 Y F G G L M

5 Z R I K O Z M V

6 H K L L M

7 Z K K O V

8 O R T S G   Y F O Y

9 N Z T M R U B R M T   T O Z H H

10 U L I P

11 X O L X P

12 D V W T V   L U   O V N L M

13 X R O D M

14 Y Z M Z M Z

15 T O L E V

16 R U L E R

17 N Z T R X   O Z N K

18 V M E V O L K V

알파벳 암호

A=Z	E=V	I=R	M=N	Q=J	U=F	Y=B
B=Y	F=U	J=Q	N=M	R=I	V=E	Z=A
C=X	G=T	K=P	O=L	S=H	W=D	
D=W	H=S	L=O	P=K	T=G	X=C	

어떤 점심을 먹을까?

동물들이 35가지의 메뉴 중에서 점심을 고르고 있어요.
오른쪽 빈칸 수에 맞는 알파벳 이름을 알맞게 채워 넣으세요.

3글자
~~DAL~~ 콩 요리
LOX 훈제 연어
PHO 베트남 쌀국수

4글자
GYRO 그리스 샌드위치
RIBS 갈비 요리
TACO 타코

5글자
CHILI 칠리
CURRY 카레
PIZZA 피자
RAMEN 라면
SUSHI 초밥

6글자
BURGER 버거
OMELET 오믈렛
PB AND J 땅콩버터 젤리 샌드위치
QUICHE 키시 파이

7글자
BURRITO 브리토
FALAFEL 팔라펠(중동 음식)
LASAGNA 라자냐
PORK BBQ 돼지 바비큐

8글자
EGG SALAD 달걀 샐러드
EMPANADA 엠파나다 파이
TUNA MELT 참치 샌드위치

9글자
CHEF SALAD 셰프 샐러드
SLOPPY JOE 토마토소스 버거
SPAGHETTI 스파게티

10글자
FISH STICKS 생선튀김
QUESADILLA 케사디아
TOMATO SOUP 토마토 수프
VEGGIE WRAP 야채 쌈

11글자
HAM SANDWICH 햄 샌드위치
MEATBALL SUB 미트볼 서브마린

12글자
CHICKEN WINGS 치킨 윙스
MAC AND CHEESE 마카로니와 치즈
RICE AND BEANS 쌀과 콩

13글자
GRILLED CHEESE 구운 치즈

Art by Mitch Mortimer

숨은 애벌레 찾기

잎맥 속에서 애벌레 22마리를 찾아보세요.

Art by Dave Klug

글자 스도쿠

스도쿠마다 알파벳이 6개씩 있어요. 6개의 알파벳들을 가로 행마다 1번씩만, 세로 열마다 1번씩만 쓰세요. 이때 굵은 선으로 나뉜 3×2짜리 사각형 안에도 6개의 알파벳이 각각 1번씩만 들어가게 써야 해요. 그 다음에 색깔 칸의 알파벳을 빈칸에 쓰면 수수께끼도 풀 수 있어요.

알파벳: I L E O K N

			K		
		L	N		
E	K		O		
		I		E	N
	E		I		
	L			O	

돼지는 엄마의 남자 형제를 뭐라고 부를까?

정답: _ _ _ _ _ _ .

알파벳: A R H E S O

	R			S	
A					
	H		E		O
	S	O			H
					H
		H		R	

아픈 조랑말을 뭐라고 부를까?

정답: A little _ _ _ _ _ _ .

어떤 동물일까?

오른쪽 퀴즈의 정답은 어떤 동물일지 맞혀 보세요.

1. 잠이 안 올 때는 우리들을 세어 보세요. 금방 잠들어 버릴 거예요. 나는 누구일까요?

2. 난 아침 일찍 자신 있게 사람들을 잠에서 깨워요. 나는 누구일까요?

유에프오는 어디에?

설명을 잘 읽고 아래 빈칸을 채워 보세요.

아래 표 안의 숫자들은 그 숫자의 주변(위, 아래, 오른쪽, 왼쪽, 대각선)에 유에프오(UFO)가 몇 대 있는지 나타내요. 유에프오가 들어갈 수 없는 빈칸에 X표를 하고, 유에프오가 들어갈 빈칸에 UFO표를 하세요.

도움말:

- 숫자 있는 칸에 유에프오는 들어갈 수 없어요.
- 숫자 0과 닿아 있는 칸에 X표를 하세요.
- 아래 표의 모서리부터 채워 나가면 좀 더 쉬워요.

이 표에는 유에프오가 4대 있어요.

		3
2		2
	2	
0		0

이 표에는 유에프오가 10대 있어요.

	1				1
		2			
2					1
		6		4	
					2
0		1		3	

벙어리장갑을 찾아라

잃어버린 벙어리장갑 8짝을 찾아보세요.
그리고 누가 각 장갑을 잃어버렸는지도 찾아보세요.

도전!
숨은그림찾기

숨은 그림을 찾아보세요.

 adhesive-bandage
반창고

 glove
장갑

 arrow
화살

 hockey stick
하키스틱

 artist's brush
붓

 horseshoe
말편자
(말발굽에 박는
쇠붙이)

 baseball bat
야구 방망이

 mitten
벙어리장갑

 bell
종

 needle
바늘

 book
책

 paper clip
클립

 boot
장화

 sailboat
돛단배

 car
자동차

 saucepan
냄비

 coat hanger
옷걸이

 slice of pizza
조각 피자

 crown
왕관

 sock
양말

 drumstick
북채

 toothbrush
칫솔

 envelope
편지 봉투

 wedge of lime
조각 라임

 fish
물고기

 wishbone
위시본
(닭의 목과 가슴
사이 V자형 뼈)

Art by Dave Klug

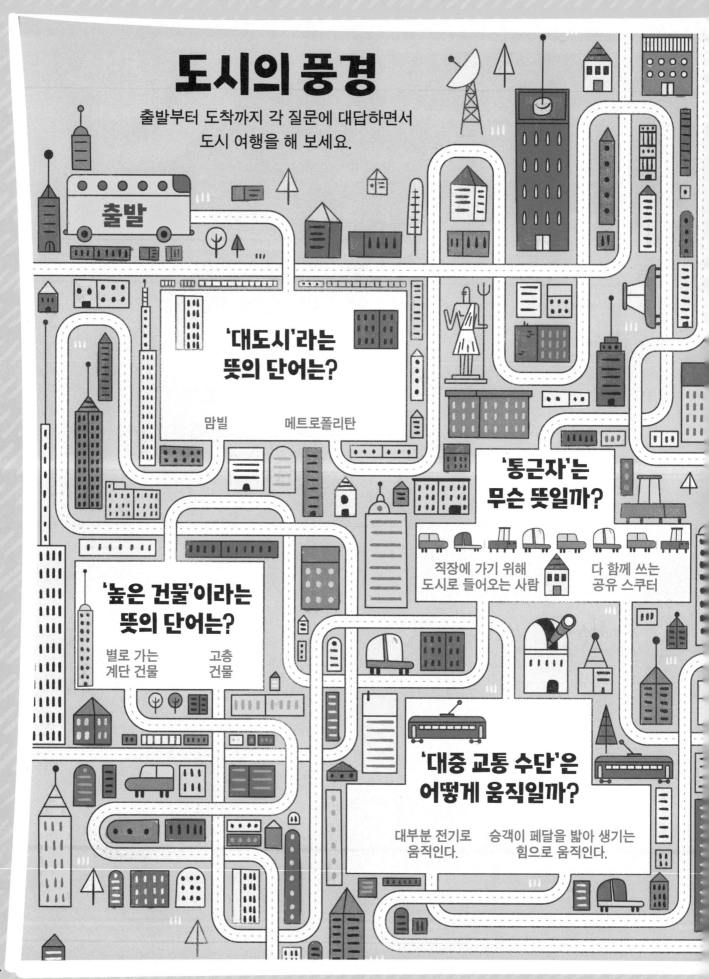

도시의 풍경

출발부터 도착까지 각 질문에 대답하면서
도시 여행을 해 보세요.

출발

'대도시'라는
뜻의 단어는?

맘빌   메트로폴리탄

'통근자'는
무슨 뜻일까?

직장에 가기 위해   다 함께 쓰는
도시로 들어오는 사람   공유 스쿠터

'높은 건물'이라는
뜻의 단어는?

별로 가는   고층
계단 건물   건물

'대중 교통 수단'은
어떻게 움직일까?

대부분 전기로   승객이 페달을 밟아 생기는
움직인다.   힘으로 움직인다.

54

반려견 놀이터는?

반려견들이 낮잠을 자는 곳

반려견들이 목줄 없이 뛰어노는 곳

'대도시 지역'이란?

야생 동물들이 많이 살고 탁 트인 들판이 많다.

사람들이 많이 살고, 개발이 많이 되어 있다.

길에서 음악 공연을 펼치는 사람은?

순찰대

거리의 악사

고대의 도구나 공룡 화석을 볼 수 있는 곳은?

자연사 박물관

미식축구장

'소공원'이란?

소들이 풀을 뜯고 있는 공원

두 빌딩 사이의 틈새에 있는 작은 공원

도착

SUBWAY

맛있는 간식

5개의 조각 퍼즐이 각각 어디에 숨었는지 찾아보세요.

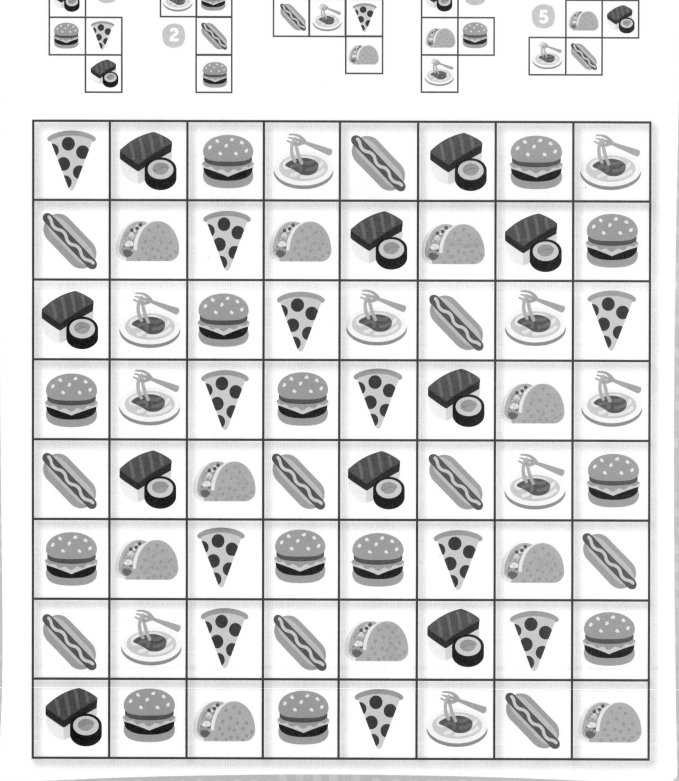

Art by Getty

과학이 최고야!

그림 속에서 계산기 7개, 자석 6개, 행성 5개, 현미경 4개, 실험실 안경 3개,
책 2권, 망원경 1개를 찾아보세요.

보너스
똑같은 로봇
1쌍을
찾아보세요.

6개씩 찾아라

그림 장면마다 아래 물건들 중에
6개가 숨어 있어요.
한번 찾아보세요.

찾아야 할 숨은 그림
바나나(3군데)
부메랑(3군데)
편지 봉투(2군데)
안경(2군데)
포크(2군데)
장갑(4군데)
자석(4군데)
연필(5군데)
반지(3군데)
조각 피자(4군데)
와플(2군데)
조각 오렌지(2군데)

보너스
두 장면에서는
서로 똑같은 종류의
숨은 그림을
찾을 수 있어요.
어떤 장면인가요?

Art by Kelly Kennedy

동그라미 퀴즈

아래 퀴즈를 풀어 정답을 영어 단어로 쓰세요. 영어 단어의 알파벳을
오른쪽 해당 번호의 빈칸에 적으면 돼요.
앞 정답의 마지막 알파벳은 다음 정답의 첫 번째 알파벳이 된답니다.

1. 우리가 사는 행성
5. 꿀벌들이 만든 달콤한 것
9. 하나에 365일이 들어 있는 것
12. 텔레비전 채널을 조절하는 것
17. 암탉이 하나씩 낳는 것
19. 고기에 뿌리는 갈색 소스
23. 레몬 색깔
28. 가장 추운 계절
33. 미국 대통령들을 새긴 곳
40. 해가 뜨는 쪽
43. 마술사가 하는 일
47. 고양이의 새끼들
52. 다람쥐가 숨기는 것
55. 꽁꽁 언 사람
61. 새가 짓는 것
64. 철로를 달리는 것
68. 남쪽의 반대
72. 내가 사는 곳
76. 컴퓨터로 주고받는 편지
81. '꽉 조여진'의 반대말
85. 코가 긴 동물
93. '거짓'의 반대말
96. '출구'의 반대말
100. 소방차의 색깔
102. 하루 세 번째 먹는 식사
107. 마술사가 모자 안에서 꺼내는 것
112. 동화책에서 이야기를 끝내는 말

원은 왜 늘
뜨거운가요?
왜냐면 원은
늘 360도이니까.

즐거운 파티

아래 그림에서 숨은 그림 12개를 찾아보세요.

양쪽 그림을 보고 다른 그림을 10군데 이상 찾아보세요.

Art by Jef Czekaj

영어 문장 게임

번호가 매겨진 각 장면들을 영어 문장으로 말해 보세요. 문장은 모두 3개의 단어로 만들고 그 3개의 단어 앞 글자를 합치면 동물 이름이어야 해요. 예를 들어 1번 장면을 Donkey Organizing Glasses.(유리컵들을 정리하는 당나귀)라고 말할 수 있어요. 그리고 앞글자를 합치면 DOG(개)이 된답니다. 같은 방식으로 ANT(개미), BAT(박쥐), BEE(꿀벌), CAT(고양이), COW(젖소), EEL(장어), PIG(돼지), RAT(쥐)이 되게끔 문장들을 만들어 보세요.

CAFE

어느 길로 갈까?

실리아의 양동이에는 조개껍데기 25개가 들어가요.
출발에서 도착까지 가면서 정확히 25개를 주울 수 있는 길을 찾아보세요.
같은 길을 두 번 가면 안 돼요. 게들이 실리아가 각 길에서
조개껍데기 몇 개를 주울 수 있는지 알려 주니 참고하세요.

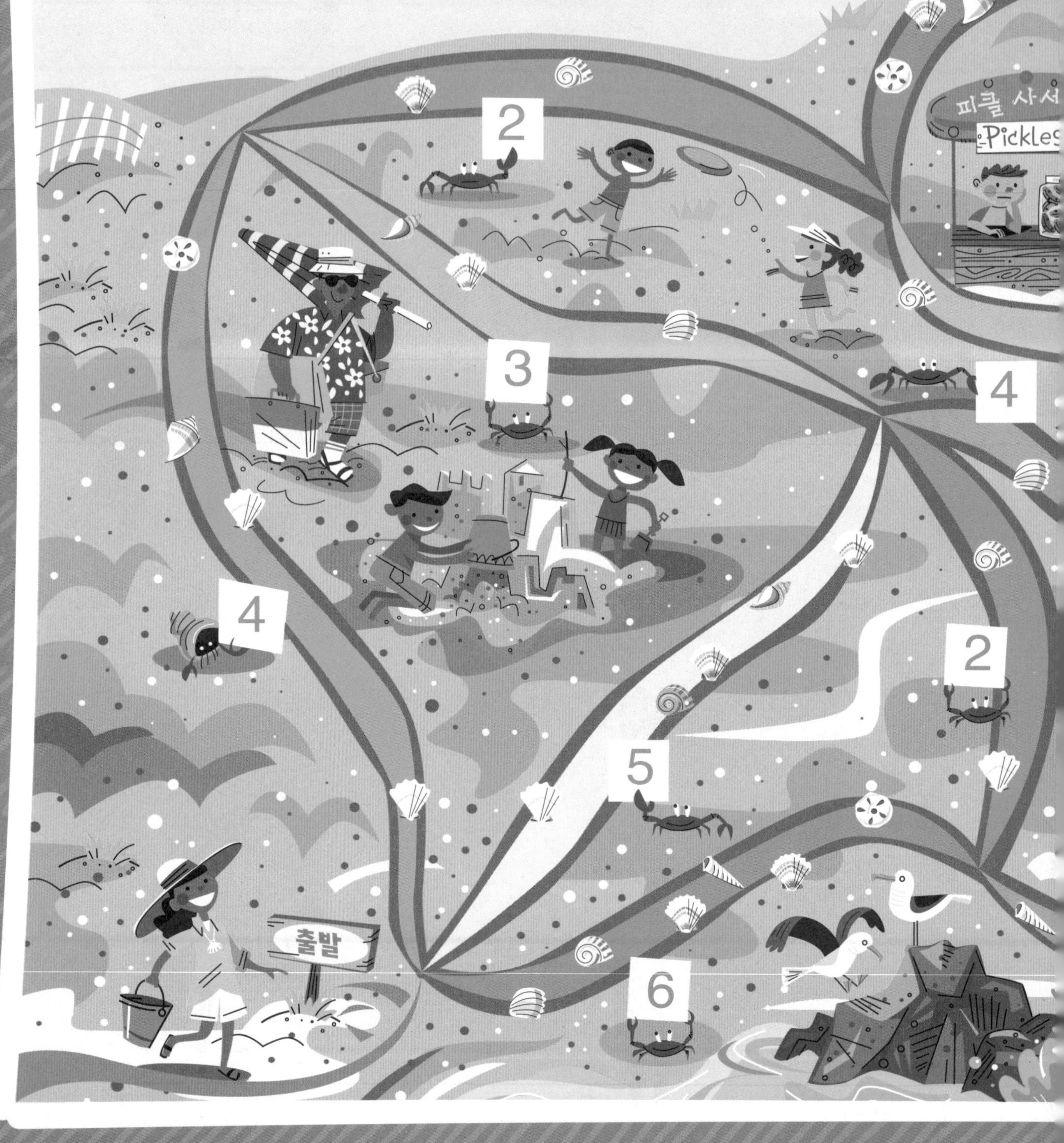

피클 사서
Pickles

2

3

4

4

2

5

출발

6

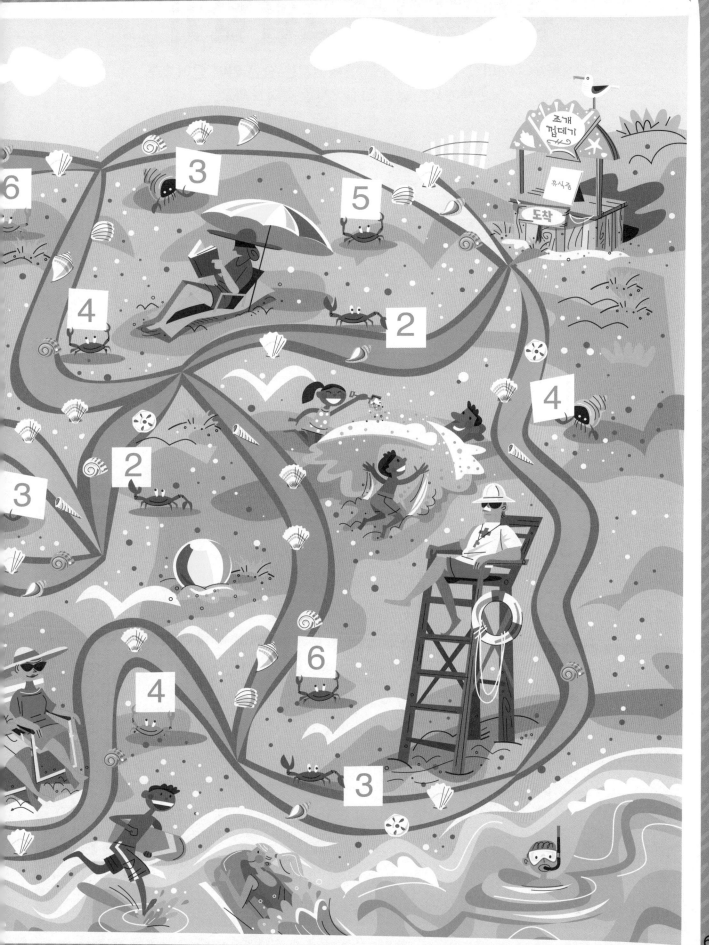

숨은 글자와 그림 찾기

동물들이 재미있게 놀고 있어요. 왼쪽에서는 숨은 영어 단어 8개,
오른쪽에서는 숨은 그림 8개를 찾아보세요.

찾아낸 숨은 영어 단어를 아래 빈칸에 적어 보세요.

＿ ＿ ＿ 　　　　　　　 ＿ ＿ ＿ ＿

＿ ＿ ＿ ＿ ＿ 　　　　　 ＿ ＿ ＿ ＿ ＿ ＿

＿ ＿ ＿ ＿ ＿ 　　　　　 ＿ ＿ ＿ ,

＿ ＿ ＿ ＿ ＿ 　 ＿ ＿ ＿ ＿ ＿ ＿ ＿ ＿

미술관 미로

그림들 사이로 미로를 빠져나가는 길을 찾아보세요.

출발

도착

보너스
붓 8개를
찾아보세요.

자동차 여행

이 그림을 1분 동안 자세히 살펴보세요.
그런 다음 72쪽으로 가서 기억력을 테스트해 보세요.

Art by Brian White

기억력 테스트

71쪽에서 본 그림을 기억해 내면서 아래 질문에 답을 해 보세요.

1 차 안에 있던 개들은 몇 마리였나요? 3   4   5

2 번호판에 뭐라고 쓰여 있었나요?
그르르르   멍멍멍   왈왈왈

3 나비 색깔은 무엇이었나요?

4 그림의 배경은 어디였나요?
바다   농장   산

5 숨겨진 퍼즐 조각은 어디에 있었나요?
차 위에   나무 사이에   새 위에

숫자의 단위 문제

아래 문제를 풀어 빈칸을 채우면 수수께끼를 풀 수 있어요.

1. 테이블스푼은 티스푼보다 크다. 맞으면 C, 틀리면 D를 1번 빈칸에 쓰세요.

2. 1야드는 36인치다. 맞으면 O, 틀리면 A를 2번, 9번 빈칸에 쓰세요.

3. 1쿼트는 2파인트다. 맞으면 U를 10번 빈칸에, 틀리면 U를 5번 빈칸에 쓰세요.

4. 1마일은 6,000피트다. 맞으면 T, 틀리면 L을 3, 4, 8번 빈칸에 쓰세요.

5. 1킬로미터는 1,000미터다. 맞으면 R, 틀리면 S를 11번 빈칸에 쓰세요.

6. 1밀리미터는 1센티미터보다 작다. 맞으면 E, 틀리면 R을 6번 빈칸에 쓰세요.

7. 1톤은 1,000파운드보다 크다. 맞으면 F, 틀리면 B를 7번 빈칸에 쓰세요.

8. 1미터는 1피트보다 길다. 맞으면 I를 5번 빈칸에, 틀리면 I를 10번 빈칸에 쓰세요.

개 비스킷용 반죽을 뭐라고 부를까요?

___ ___ ___ ___ ___ ___   ___ ___ ___ ___ ___ .
 1   2   3   4   5   6   7   8   9 10 11

펭귄 속에서 찾기

펭귄으로 가득 찬 그림에서 펭귄이 아닌 걸 찾아보세요. 반점이 있는 몸에,
젖을 짤 수 있고 보통 무리 지어 사는 생물이에요.

Art by Travis Foster

보너스
졸고 있는 펭귄,
냄새나는 간식,
그리고 물고기 13마리를
찾아보세요.

무서운 이야기

아래 문제를 풀어 찾아야 할 숨은 그림 이름을 알아내세요.
그림 속에서 숨은 그림을 찾은 뒤, 왼쪽의 숫자가 매겨진 칸의 알파벳을
오른쪽 아래 빈칸에 알맞게 적으면 수수께끼가 풀려요.

1 망치로 때리는 것

— — — —
     8

2 말발굽에 박는 것

— — — — —
     7

3 바다에서 사람과 물건을 실어 나르는 것

— — — —
   5

4 얇게 썰어 말려 시리얼에 넣어 먹는 노란 과일

— — — — — —
11   16

5 바닷바람 소리를 들으려고 귀에 대는 조개류

— — — — — — — —
  12   9

6 새의 목과 가슴 사이에 있는 V자형 뼈

— — — — — — —
    13

7 높은 곳에 올라갈 때 쓰는 것

— — — — — —
         4

8 씹으면 아삭거리는 주황색 채소

— — — — —
    3   1

9 종소리

— — — —
  15

10 더울 때 부치는 것

— — —
 6

11 밀가루 반죽을 고리 모양으로 만들어 튀긴 간식

— — — — — — — —
10   14

12 보드 게임할 때 던지는 것

— — — —
 2

Art by Paula Bossio

유령들은 알을 어떻게 가져갈까?

$$\underbrace{\quad}_{1}\;\underbrace{\quad}_{2}\;\underbrace{\quad}_{3}\;\underbrace{\quad}_{4}\;\underbrace{\quad}_{5}\;-\;\underbrace{\quad}_{6}\;\underbrace{\quad}_{7}\;\underbrace{\quad}_{8}\;\underbrace{\quad}_{9}\;\underbrace{\quad}_{10}\,.$$

해적 유령이 가장 좋아하는 차는?

$$\underbrace{\quad}_{11}\;\underbrace{\quad}_{12}\;\underbrace{\quad}_{13}\;-\;\underbrace{\quad}_{14}\;\underbrace{\quad}_{15}\;\underbrace{\quad}_{16}\,.$$

여러 종류 강아지

강아지 종류는 30종이 넘어요. 오른쪽 빈칸 수에 맞는
알파벳 이름을 알맞게 채워 넣으세요.

써야 할 단어들

3글자
PUG 퍼그

5글자
BOXER 복서
CORGI 코기
HUSKY 허스키

6글자
AFGHAN 아프간
BEAGLE 비글
COLLIE 콜리
POODLE 푸들

7글자
BULLDOG 불도그
MASTIFF 마스티프
PIT BULL 핏불
SAMOYED 사모예드
SPANIEL 스패니얼
TERRIER 테리어

8글자
DOBERMAN 도베르만
SHEEPDOG 쉽독
SHEPHERD 셰퍼드

9글자
CHIHUAHUA 치와와
DACHSHUND 닥스훈트
DALMATIAN 달마티안
GREAT DANE 그레이트데인
GREYHOUND 그레이하운드
PEKINGESE 페키니즈
RETRIEVER 레트리버
SCHNAUZER 슈나우저

10글자
BLOODHOUND 블러드하운드
WEIMARANER 바이마라너

11글자
BASSET HOUND 바셋하운드
IRISH SETTER 아이리시세터

12글자
SAINT BERNARD 세인트버나드

숨은 말편자 찾기

협곡에서 말편자
25개를 찾아보세요.

별에 관한 퍼즐

별과 관련된 아래 영어 단어들을 오른쪽 표에서 찾아 묶으세요.
별은 영어로 STAR이고 오른쪽 표에서는 그림 글자 ★로 표시되어
있어요. 각 단어의 나머지 알파벳은 가로, 세로 혹은 대각선으로
배열되어 있어요. 알파벳은 서로 겹치기도 하고 배열이 거꾸로
되어 있기도 해요. 단어를 다 찾아 묶은 뒤에 남은 알파벳을
순서대로 쓰면 오른쪽 수수께끼의 정답을 알 수 있어요.

찾아야 할 단어

CORNSTARCH 옥수수전분

CUSTARD 커스터드

DASTARDLY 악랄한

KICK-START 발로 밟는 시동 장치

LODESTAR 길잡이

LUCKY STARS 행운의 별

MEGASTAR 초대형 스타

MOVIE STAR 영화배우

MUSTARD 겨자

POLESTAR 북극성

ROCK STAR 록스타

STAR ANISE 스타아니스(향신료)

STAR MAP 별자리 지도

STAR FRUIT 스타프루트

STAR POWER 스타파워

STAR-STUDDED 인기 배우들이

많이 출연하는

STARBOARD 우측

STARBURST 별 모양의 광채

STARDOM 스타가 되다

STARDUST 우주먼지

STARFISH 불가사리

STARGAZE 별을 관찰하다

STARLIGHT 별빛

STARLING 찌르레기

STARSHIP 우주선

STARSTRUCK 스타에게 반한

STARTUP 시작하다

STARVE 굶주리다

SUPERSTAR 슈퍼스타

WISH UPON
　　　A STAR 별에게 소원을 빌다

★ B O A R D I D A ★ D L Y
E T H G I L ★ ★ S H I P P
D T S N S U P E R ★ O A T
O ★ L U C K Y ★ S L M A R
L K A ★ A N I S E ★ D O ★
T C K N S T A ★ R E C F D
R I C T O A T A D K I ★ H
E K U S S P E D ★ S U L C
W ★ R R L U U Z H M I M ★
O L T U F T D H A T E S N
P I S B S ★ A ★ S G V M R
★ N ★ ★ ★ D O M A I ★ E O
T G M O V I E ★ E O W R C

영어로 답하는 수수께끼
슈팅 스타(Shooting star)는 무엇일까요?

정답

It _ _ _ _ ' _   _ _   _ _ _ _ _ _   _ _

_ _ _ _ .   _ _ ' _   _   _ _ _ _ _ _ _ .

블루베리는 어디에?

설명을 잘 읽고 아래 빈칸을 채워 보세요.

아래 표 안의 숫자들은 그 숫자의 주변
(위, 아래, 오른쪽, 왼쪽, 대각선)에
블루베리가 몇 개 있는지 나타내요.
블루베리가 들어갈 수 없는 빈칸에 X표를 하고,
블루베리가 들어갈 빈칸에 B표를 하세요.

도움말:

- 숫자 있는 칸에 블루베리가 들어갈 수 없어요.
- 숫자 0과 닿아 있는 칸에 X표를 하세요.
- 블루베리가 있다고 확신하는 곳에 먼저 B표를 하세요. 연필과 지우개를 써서 블루베리가 들어갈 자리를 이리저리 궁리해 보세요.

이 표에는 블루베리가 4개 있어요.

			0
2			
		3	
	3		1

이 표에는 블루베리가 10개 있어요.

		2		2	
					1
	3		6		
					1
	3		2		
2					1

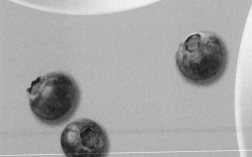

짝 없는 물고기 찾기

같은 물고기를 찾아 둘씩 짝지어 보세요.
그중에 짝이 없는 물고기를 찾아보세요.

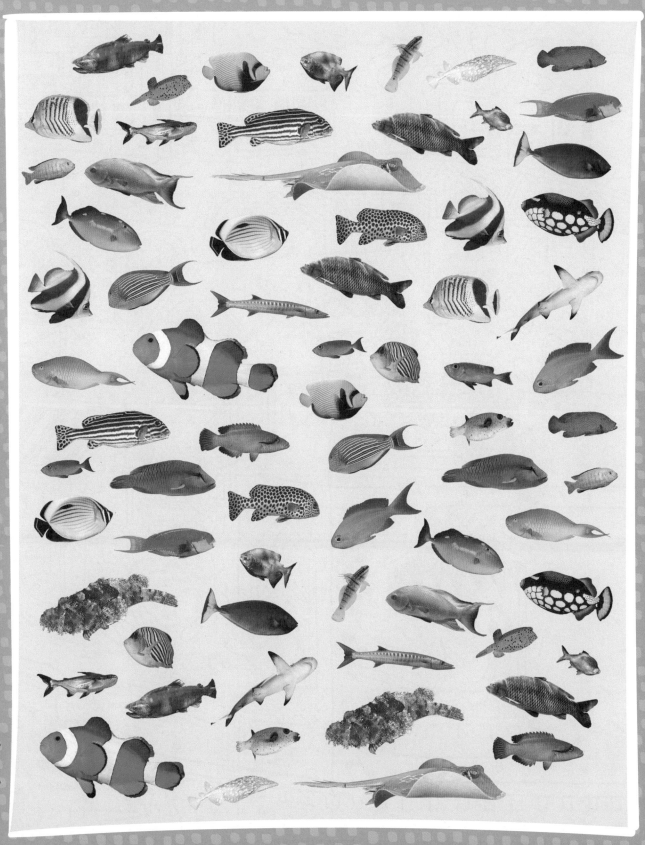

이 그림에서 힌트 없이 24개의 숨은 그림을 찾아보세요.

유명한 국립공원

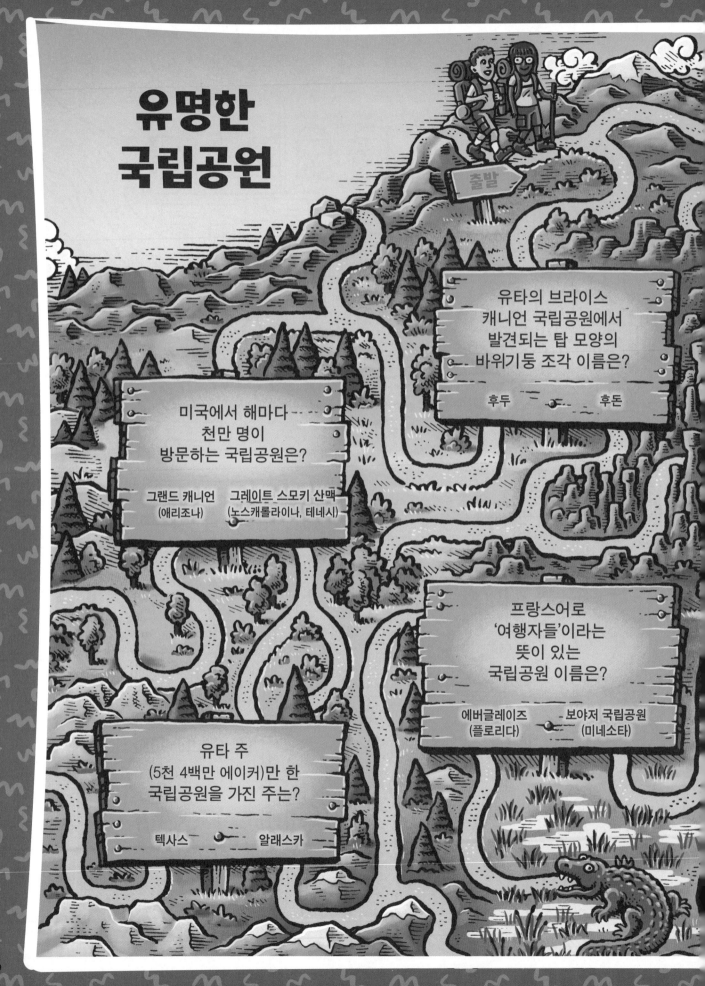

출발

유타의 브라이스 캐니언 국립공원에서 발견되는 탑 모양의 바위기둥 조각 이름은?

후두 — 후돈

미국에서 해마다 천만 명이 방문하는 국립공원은?

그랜드 캐니언 (애리조나)

그레이트 스모키 산맥 (노스캐롤라이나, 테네시)

프랑스어로 '여행자들'이라는 뜻이 있는 국립공원 이름은?

에버글레이즈 (플로리다)

보야저 국립공원 (미네소타)

유타 주 (5천 4백만 에이커)만 한 국립공원을 가진 주는?

텍사스 — 알래스카

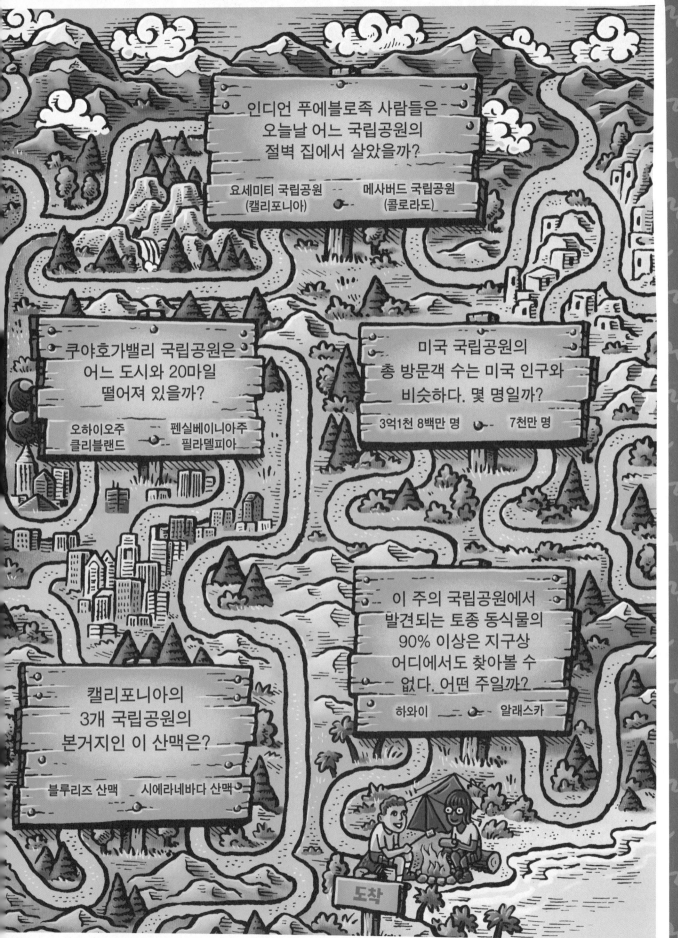

이야기 속 주인공

5개의 조각 퍼즐이 각각 어디에 숨었는지 찾아보세요.

꽃밭에서 찾아라

토끼풀 4개, 나비 4마리, 잠자리 6마리, 보라색 딱정벌레를 찾아보세요.

Art by Pintachan

그림 장면마다 아래 물건들 중에
6개가 숨어 있어요.
한번 찾아보세요.

찾아야 할 숨은 그림
부메랑(3군데)
양초(3군데)
장갑(3군데)
막대 사탕(2군데)
자석(3군데)
바늘(3군데)
연필(4군데)
조각 케이크(3군데)
조각 피자(3군데)
달팽이(3군데)
숟가락(3군데)
와플(3군데)

보너스
두 장면에서는
서로 똑같은 종류의
숨은 그림을
찾을 수 있어요.
어떤 장면인가요?

파스타 퀴즈

아래 퀴즈를 풀어 정답을 영어 단어로 생각해 보세요.
정답의 알파벳을 각 숫자에 맞게 오른쪽 글자 퍼즐 칸에 알맞게 쓰세요.

가로 퍼즐

1. 홈런을 치는 긴 방망이
2. 5감 중에서 맛보는 감각
5. 뭔가 부탁할 때 쓰는 말
8. 이탈리아식 납작하고 큰 파스타 요리
10. 운동 경기는 주로 두 ___으로 나뉘어 치른다
12. 정신 이상인
13. 엉덩이
14. 유에프오(UFO) 운전사
15. 말을 안 하는
16. 치실이 필요한 신체 부위
18. 돼지고기를 소금에 절이거나 훈제한 것
19. 학교 시험
21. 음식을 담는 넓적한 것
24. A부터 Z까지 철자의 이름
27. 태양을 중심으로 도는 천체
29. 여름에 신는 신발
30. 주위가 전부 바다로 둘러싸인 땅
31. 이빨을 치료하는 의사

세로 퍼즐

1. 발끝으로 추는 춤
3. 모양, 형태, 형
4. 건물의 지하층
6. 코가 길고 덩치가 큰 동물
7. 편지 봉투에 붙이는 것
9. 올림픽에서 우승하면 받는 것
11. 학교에 결석한
14. 전문 운동선수
15. 큰 선박
17. 책 표지에 크게 써 있는 것
20. 스팽글로 장식된
22. 스위스의 유명한 산맥
23. 등뼈
25. 소규모 악기 연주 그룹
26. 숲속에 빽빽한 키 큰 식물
28. 짠맛이 나는 하얀 가루

경주하는 사슴

아래 그림에서 숨은 그림 17개를 찾아보세요.

94

양쪽 그림을 보고 다른 그림을 11군데 이상 찾아보세요.

글자 스도쿠

스도쿠마다 알파벳이 6개씩 있어요. 6개의 알파벳들을 가로 행마다 1번씩만, 세로 열마다 1번씩만 쓰세요. 이때 굵은 선으로 나뉜 3×2짜리 사각형 안에도 6개의 알파벳이 각각 1번씩만 들어가게 써야 해요. 그 다음에 색깔 칸의 알파벳을 빈칸에 쓰면 수수께끼도 풀 수 있어요.

알파벳: A C H L N U

				N	
		C		U	
H	N				
			H	U	
	H		A		
	C			L	

알파벳: O T E R C K

	K		E		
C					
	R		T	O	
	E	O		R	
					R
		R		K	

우주비행사가 가장 좋아하는 식사는 무엇일까?

정답: ＿ ＿ ＿ ＿ ＿ .

발사된 후에야 작동하기 시작하는 건 무엇일까?

정답: A ＿ ＿ ＿ ＿ ＿ ＿ .

영어 단어 퀴즈

아래 퀴즈를 풀어 영어 단어로 빈칸에 맞게 쓰세요.

1. 뜨거운 차 ＿ ＿ ＿
2. 우리가 숨 쉬는 것 ＿ ＿ ＿
3. 뱀같이 생긴 물고기 ＿ ＿ ＿
4. 거짓을 말하는 사람 ＿ ＿ ＿ ＿

5. '스토리'와 같은 말 ＿ ＿ ＿ ＿
6. 외계인 ＿ ＿ ＿ ＿ ＿
7. 'begin[비긴]'과 같은 말 ＿ ＿ ＿ ＿ ＿
8. 하늘에서 내리는 물 ＿ ＿ ＿ ＿

몇 번 갈아타야 할까?

팀은 달팽이를 사러 쇼핑센터에 왔어요. 이곳에는 파랑과 주황 엘리베이터가 있는데, 파랑은 짝수층에, 주황은 홀수층에만 서요. 팀이 오늘 해야 할 일을 순서대로 다 하려면 엘리베이터를 몇 번 갈아타야 할까요? 그리고 15마리의 애벌레를 찾아보세요.

오늘 해야 할 일

1. 애완 달팽이 구입
2. 달팽이 피부 관리실 방문
3. 체육관 등록
4. 〈애완 달팽이에 대한 모든 것〉 책 구입
5. 해초-버섯 스무디 주문
6. 새 친구와 사진 찍기

숨은 글자와 그림 찾기

개들이 모여 함께 시간을 보내고 있어요. 왼쪽에서는 숨은 영어 단어 8개,
오른쪽에서는 숨은 그림 8개를 찾아보세요.

_ _ _ _ _ _ _ _ _   _ _ _ _ _ _ _ _ _

_ _ _ _ _   _ _ _ _ _

_ _ _ _ _ _ _ _ _   _ _ _ _ _ _ _ _ _

_ _ _ _ _   _ _ _ _ _

Art by Howard McWilliam

99

거미줄 미로

거미가 거미줄 가운데 침대로 가는 길을 알려 주세요.

출발

도착

콧수염 대회

이 그림을 1분 동안 자세히 살펴보세요.
그런 다음 102쪽으로 가서 기억력을 테스트해 보세요.

기억력 테스트

101쪽에서 본 그림을 기억해 내면서 아래 질문에 답을 해 보세요.

① 콧수염 대회에 나온 동물은 몇 마리였나요?　　1　　　3　　　4

② 콧수염 길이를 재는 물고기 옆 작은 물고기는 무엇을 하고 있었나요?
　간식을 먹고 있었다　　　핸드폰을 보고 있었다　　　공책에 기록하고 있었다

③ 콧수염 길이를 재는 물고기의 머리 색은 무엇이었나요?

④ 그림에 없었던 것은 무엇이었나요?
　나비넥타이　불가사리　문어

⑤ 숨겨진 퍼즐 조각은 어디에 있었나요?
　콧수염 길이를 재는 물고기의 조끼에　　　초록 물고기 위에　　　표지판 위에

복사비는 얼마?

인쇄물을 복사하는 데 1장당
10센트를 내야 해요.
손님들이 내야 할 돈은 각각 얼마일까요?

1. 새는 친구들에게
줄 편지를 33장
복사했어요.

3. 알파카는 알뜰시장
안내문을 2다스
복사했어요.

2. 당나귀는 마을 극장
안내문을 40장
복사했어요.

4. 보브캣은 16쪽짜리
책을 3부 복사했어요.

고양이 속에서 찾기

고양이로 가득 찬 그림에서 고양이가 아닌 동물을 찾아보세요.
멍멍 짖고, 흥분하면 꼬리를 흔드는 동물이에요.

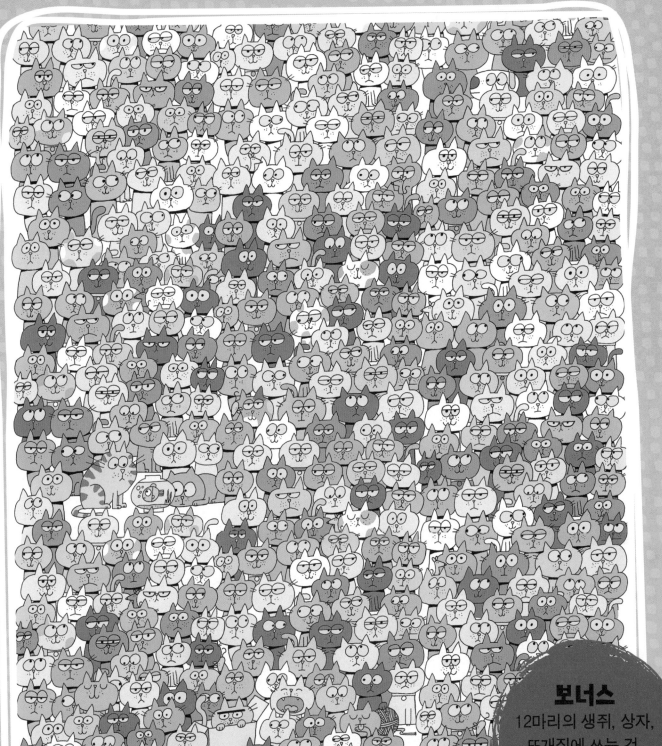

보너스
12마리의 생쥐, 상자,
뜨개질에 쓰는 것,
지느러미가 있는 것을
찾아보세요.

껑충껑충 캥거루

아래 암호를 풀어 나온 물건 20개를 오른쪽 그림 속에서 찾아보세요.

암호 푸는 법

알파벳 순서를 잘 생각해 보면서
쓰여져 있는 알파벳 바로 앞
알파벳을 빈칸에 써 보세요.
예를 들어 DBU의 앞 알파벳들을
순서대로 쓰면 CAT이랍니다.

1
C P P L

2
Q B S U Z   I B U

3
V N C S F M M B

4
D P N C

5
T M J D F   P G   D B L F

6
D B O P F

7
C S P D D P M J

8
C P P N F S B O H

9
D V Q D B L F

10
Q J D L B Y

11
T B V D F Q B O

12
E P N J O P

13
N V T J D B M   O P U F

14
G J T I

15
C B O B O B

16
I F B S U

17
U P P U I C S V T I

18
T O B L F

19
Q F O D J M

20
G J T I I P P L

Art by Pat Lewis

스포츠 퍼즐

아래 스포츠 용어 35개의 이름을 오른쪽 빈칸 수에 맞게 채워 넣으세요.

써야 할 단어들

3글자
BAT 방망이
RUN 뛰다
TIE 비기다
WIN 승리하다

4글자
~~BALL~~ 공
FANS 팬
GAME 게임
GOAL 골
JUMP 점프
LOSE 잃다
TEAM 팀

5글자
CATCH 잡다
COURT 코트
FIELD 필드
GLOVE 장갑
SCORE 점수
THROW 던지다

6글자
CHEERS 응원하다
POINTS 점수
SOCCER 축구
TROPHY 트로피
UMPIRE 심판

7글자
JERSEYS 운동복
REFEREE 심판

8글자
BASEBALL 야구
FOOTBALL 미식축구
HALFTIME 중간 휴식
PRACTICE 연습
SOFTBALL 소프트볼
TRAINING 훈련

9글자
TEAMMATES 팀 동료

10글자
BASKETBALL 농구
SCOREBOARD 득점판
TOURNAMENT 토너먼트

12글자
CHAMPIONSHIP
선수권대회

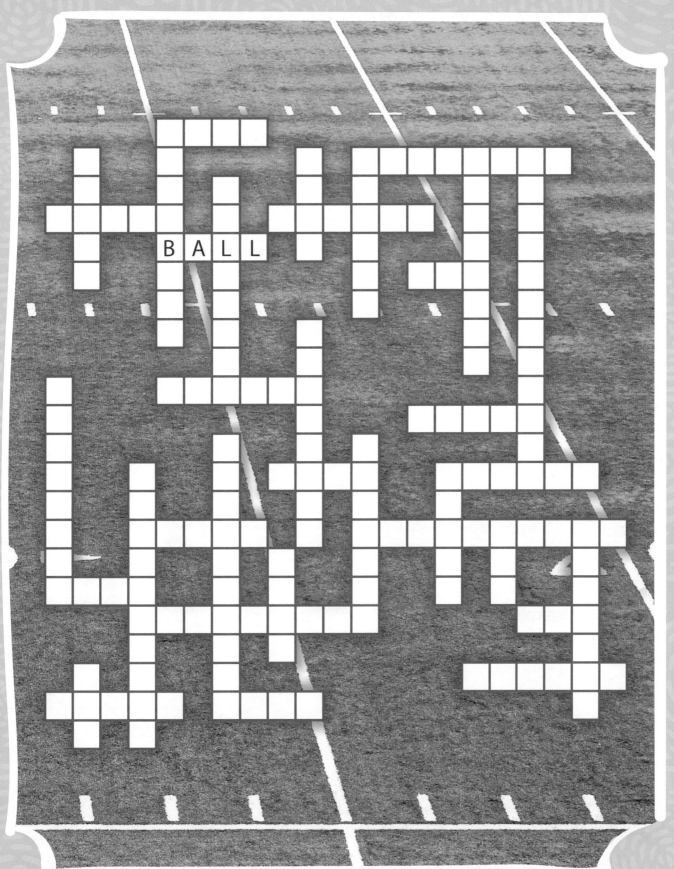

B A L L

숨은 카누 찾기

수많은 은행 속에서 숨겨진
카누 22대를 찾아보세요.

자동차 경주

아래 그림을 보고 go[goʊːː고우]와 끝이 비슷하게 소리 나는
생물이나 물건을 찾아보세요.

물고기는 어디에?

설명을 잘 읽고 아래 빈칸을 채워 보세요.

아래 표 안의 숫자들은 그 숫자의 주변 (위, 아래, 오른쪽, 왼쪽, 대각선)에 물고기가 몇 마리 있는지 나타내요. 물고기가 들어갈 수 없는 빈칸에 X표를 하고, 물고기가 들어갈 빈칸에 F표를 하세요.

도움말:

- 숫자 있는 칸에 물고기는 들어갈 수 없어요.
- 숫자 0과 닿아 있는 칸에 X표를 하세요.
- 물고기가 있다고 확신하는 곳에 먼저 F표를 하세요. 연필과 지우개를 써서 물고기가 들어갈 자리를 이리저리 궁리해 보세요.

이 표에는 물고기가 4마리 있어요.

	3	1
	1	
		1
	0	

이 표에는 물고기가 10마리 있어요.

			2		
	0				2
		1	4		
	3				
			1		3
3					

도전!
숨은
그림찾기

이 그림에서 힌트 없이
24개의 숨은 그림을 찾아보세요.

Art by Daryll Collins

미국 여행

퀴즈를 풀면서 미로를 빠져나가 보세요.

출발

미국 워싱턴주의 주도
(중심 도시)는?

올림피아   시애틀

미시시피 강 전체를
여행하려면 처음에 어디에서
배를 타야 할까?

미네소타
　　　　　사우스다코타

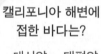

캘리포니아 해변에
접한 바다는?

대서양   태평양

유타주 남쪽 경계에서
어느 주가 보일까?

애리조나   몬태나

바닷속 레스토랑

그림 속에서 똑같은 바다 생물을 찾아 짝지어 보세요.

다양한 새들

5개의 조각 퍼즐이 각각 어디에 숨었는지 찾아보세요.

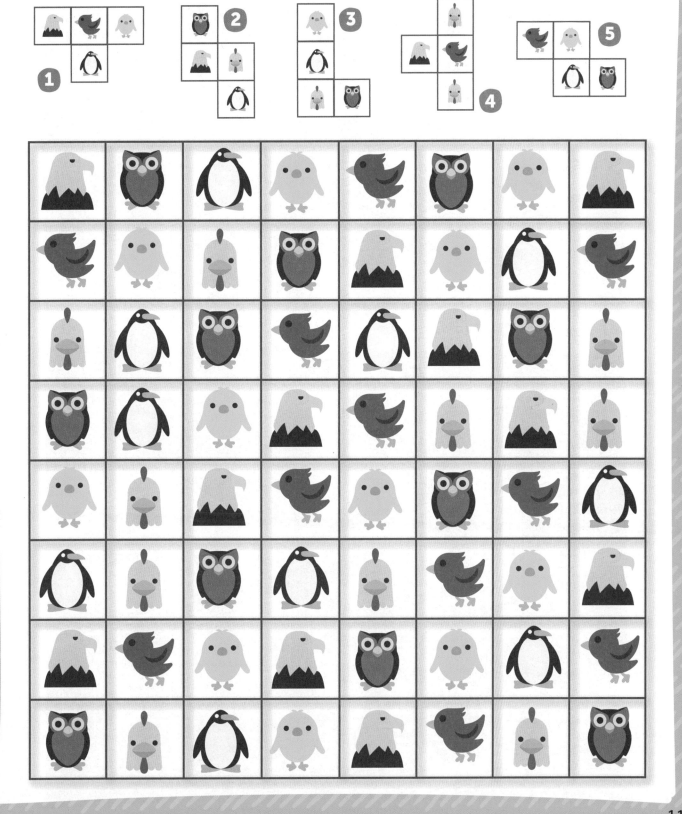

학교에서 찾아라

그림 속에서 농구공 8개, 8개의 숫자 8, 연필 5자루, 스케이트보드 5개,
물병 8개, 웃는 얼굴 6개, 지구본 3개, 얼룩말 3마리를 찾아보세요.

어떤 동물들일까?

아래 표의 알파벳을 조합해 동물들의 영어 이름을 만들 수 있어요. 처음 시작한 알파벳에서 가로, 세로, 대각선으로 움직일 수 있고, 연필을 떼면 안 돼요. 어떤 동물 이름을 찾을 수 있나요? 이름을 알아낸 9종류의 동물들을 그림 속에서도 찾아보세요.

도움말:
- 한 동물의 이름에는 같은 알파벳이 두 번 들어가지 않아요.

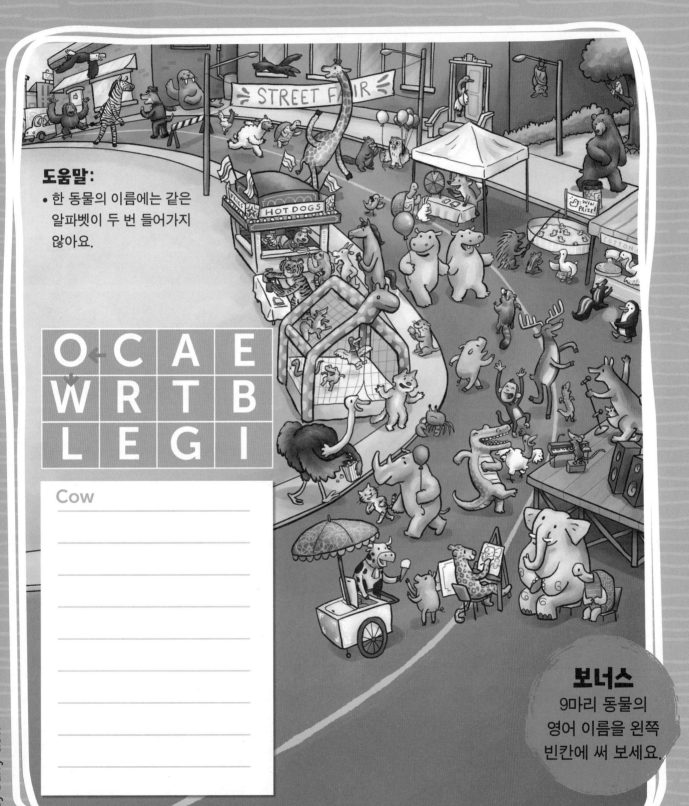

O	C	A	E
W	R	T	B
L	E	G	I

Cow

보너스
9마리 동물의 영어 이름을 왼쪽 빈칸에 써 보세요.

Art by Barry Gott

그림 장면마다 아래 물건들 중에 6개가
숨어 있어요. 한번 찾아보세요.

찾아야 할 숨은 그림
붓(4군데)
바나나(3군데)
단추(3군데)
그믐달(3군데)
빨대(4군데)
편지 봉투(4군데)
물고기(2군데)
연필(3군데)
반지(3군데)
양말(2군데)
칫솔(3군데)
요요(2군데)

보너스
두 장면에서는 서로
똑같은 종류의 숨은
그림을 찾을 수 있어요.
어떤 장면인가요?

Art by Iryna Bodnaruk

휴가 퀴즈

아래 퀴즈를 풀어 정답을 영어 단어로 생각해 보세요.
정답의 알파벳을 각 숫자에 맞게 오른쪽 글자 퍼즐 칸에 맞게 쓰세요.

가로 퍼즐

1. '광고들'을 영어로 하면?
4. 연기와 안개를 아울러 이르는 말
8. 구조 신호를 영어로 하면?
11. 사람 이름 '루'의 철자는?
12. '하나의 뚜껑'을 영어로 하면?
13. '보풀'을 영어로 하면?
14. 여름에 풀장이나 바다에서 하는 것
16. 우리나라가 속한 대륙
17. "Hold ____ your hat!" 모자 꽉 붙잡아!
18. 여름에 야외에서 먹고 자는 활동
20. 감탄사 "_____ la la!"
23. 생쥐보다 큰 쥐
24. 청소할 때 쓰는 천
27. 가톨릭교회에서 결혼하지 않고 수련하는 여자
29. 고대 로마인이 입던 겉옷들
33. 놀이 기구들이 가득한 공원
36. 'mothers'와 같은 말
37. 발에 5개 있는 것
38. '다래끼'를 영어로 하면?
39. '아주 약간'을 영어로 하면?
41. '의사들'을 영어로 하면?
43. 두 다리의 힘으로 바퀴를 돌려 가는 탈것
47. '한 번'을 영어로 하면?
51. '게으른'을 영어로 하면?
52. 공과 방망이를 가지고 하는 스포츠
55. '가까운'을 영어로 하면?
56. 반죽을 넣어 빵을 굽는 조리 기구
57. Yess(예스들)의 반대말
58. 비버들이 짓는 것
59. 정원에 있는, 없애야 할 풀
60. 고릴라, 오랑우탄을 통틀어 부르는 말

세로 퍼즐

1. '또한'을 영어로 하면?
2. '위'의 반대말은?
3. 위아래 세트인 한 벌의 양복
4. 돼지고기를 소금에 절여 훈제한 식품
5. ____ Baba and the Forty Thieves 바바와 40인의 도적들
6. '아연'을 영어로 하면?
7. 남자 이름 '에드거'를 영어로 하면?
8. 'Yes, yes'를 스페인어로 하면?
9. '들어와요'를 영어로 하면 'Come ____ ____!'
10. 수사슴
13. '휴대용 노트북'을 영어로 하면?
15. 소 울음소리
19. 처리해야 할 문제
21. '잠깐만', '1초'를 영어로 하면?
22. 콧노래를 부르다
24. 숫양
25. 'I ____ ____ child.' 나는 아이예요.
26. 심심할 때 씹는 것
28. 물고기 잡을 때 쓰는 것
30. 자동차에 채우는 연료
31. 그리거나 색칠하는 활동
32. 구름이 있는 곳
34. 마크 트웨인의 소설 주인공, 톰 소여의 성씨
35. '끄덕이다'를 영어로 하면?
40. 위팔과 아래팔이 붙은 관절
42. '흐느껴 울다'를 영어로?
43. '묶다'를 영어로 하면?
44. 어떤 일에 대한 생각, 구상
45. '조개'를 영어로 하면?
46. 집의 처마
48. '할머니'를 부르는 애칭
49. 말발굽 소리
50. "Would you like anything ____?" 원하는 다른 것이 또 있나요?
53. '보다'를 영어로 하면?
54. Finish와 같은 말

1 A	2 D	3 S		4	5	6	7		8	9	10
11				12					13		
14			15					16			
17						18	19				
			20	21	22		23				
24	25	26		27		28		29		30	31	32
33			34			35					
36						37				38		
			39		40		41		42		
43	44	45				46			47	48	49	50
51					52		53	54			
55				56					57		
58				59					60		

파자마 데이

아래 그림에서 숨은 그림 19개를 찾아보세요.

양쪽 그림을 보고 다른 그림을 11군데 이상 찾아보세요.

Art by Kelly Kennedy

무슨 곤충이지?

곤충과 관련된 아래 영어 단어들을 오른쪽 표에서
찾아 묶으세요. 각 단어의 알파벳은 가로, 세로 혹은
대각선으로 배열되어 있어요. 알파벳은 서로
겹치기도 하고 배열이 거꾸로 되어 있기도 해요.

찾아야 할 단어

APHID 진딧물	HOUSEFLY 집파리
BEDBUG 빈대	KATYDID 베짱이
BEETLE 딱정벌레	LADYBUG 무당벌레
BLOWFLY 검정파리	LEAFHOPPER 매미충
BUTTERFLY 나비	LOCUST 메뚜기
CICADA 매미	LOUSE 이
COCKROACH 바퀴벌레	MANTIS 사마귀
CRICKET 귀뚜라미	MAYFLY 하루살이
DRAGONFLY 잠자리	MEALYBUG 깍지벌레
EARWIG 집게벌레	MIDGE 깔따구
FIRE ANT 불개미	MOSQUITO 모기
FIREFLY 반딧불이	MOTH 나방
FLEA 벼룩	SILVERFISH 좀벌레
FRUIT FLY 초파리	STINKBUG 노린재
GNAT 각다귀	TERMITE 흰개미
GRASSHOPPER 메뚜기	WALKING STICK 대벌레
HONEYBEE 꿀벌	WEEVIL 바구미
HORNET 말벌	

```
T E F R U I T F L Y Y L F E R I F
E E B U Z Z T S I L V E R F I S H
R B M N E T M E A L Y B U G O X K
M Y N Y S A L J N C R I C K E T L
I E U U U C O C K R O A C H F G E
T N C L O D D R A G O N F L Y U A
E O F Y L F W O L B R H K P G B F
L H B G U B K N I T S V A H K Y H
E B E D B U G X A W Y U T O W D O
K L Y M B U T T E R F L Y U H A P
M A Y F L Y A V L S R X D S I L P
P D R O N E N V F M X V I E R E E
W A L K I N G S T I C K D F R O R
E W E E V I L E A N V I J L U T S
C A P H E E L G H C M S C Y G P I
H P R C V T D T O F I R E A N T T
I H X W E V O E G D I M D U D V N
R I T E I M O S Q U I T O H N A A
P D B Y P G R A S S H O P P E R M
```

보너스

아래 알파벳을 알맞게 배열해서 어떤 곤충이 어떤 스포츠를 좋아하는지 맞혀 보세요.

R C K I E T C.

아래 알파벳을 알맞게 배열해서 곤충이 싫어하는 채소를 맞혀 보세요.

Q S A S U H.

숨은 글자와 그림 찾기

아이들이 자전거를 타고 있어요. 왼쪽에서는 숨은 영어 단어 8개,
오른쪽에서는 숨은 그림 8개를 찾아보세요.

찾아낸 숨은 영어 단어를 아래 빈칸에 적어 보세요.

_ _ _ _   _ _ _ _ _ _

_ _ _ _   _ _ _ _ _

_ _ _ _   _ _ _ _

_ _   _ _ _ _ _ _ _ _ _ _

마법의 성 미로

아래 미로를 빠져나가 보세요.
딱따구리, 토끼, 요정, 다람쥐도 찾아보세요.

Art by Matt Lyon

개미들의 축구

이 그림을 1분 동안 자세히 살펴보세요.
그런 다음 132쪽으로 가서 기억력을 테스트해 보세요.

기억력 테스트

131쪽에서 본 그림을 기억해 내면서 아래 질문에 답을 해 보세요.

❶ 개미는 무슨 색깔이었나요?

❷ 축구를 하고 있는 개미들은 모두 몇 마리였나요?　8　　9　　10

❸ 표지판에 나온 문구는 무엇이었나요?
이겨라!　　승리하라!　　화이팅!

❹ 경기장 밖에 없었던 곤충은 무슨 곤충인가요?
나비　　호박벌　　무당벌레

❺ 숨겨진 퍼즐 조각은 어디에 있었나요?
관중석에　　벽에　　풀 위에

영화관 간식의 값

오른쪽에 가로, 세로에 배열된
간식의 총합계만 써 있어요.
그중 팝콘의 가격은 8달러예요.
각 간식의 값을 알아내 빈칸에 쓰세요.

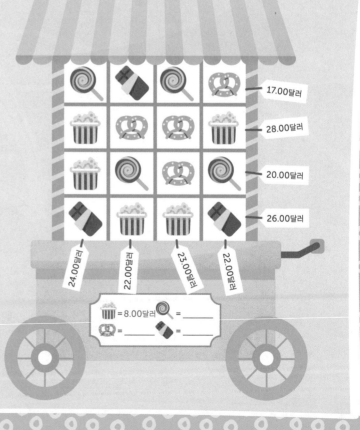

Art by Getty

개구리 속에서 찾기

개구리로 가득 찬 그림에서 개구리가 아닌 걸 찾아보세요.
껍데기가 있는 파충류예요.

보너스
파리 12마리, 파티용품,
바삭바삭한 간식,
옆 개구리를 찌르고 있는
개구리를 찾아보세요.

Art by Travis Foster

비오는 날 헛간에서

아래 문제를 풀어 찾아야 할 숨은 그림의 알파벳을 빈칸에 쓰세요.
그림 속에서 숨은 그림을 찾은 뒤, 왼쪽의 숫자가 매겨진 칸의 알파벳을
오른쪽 아래 빈칸에 알맞게 적으면 수수께끼가 풀려요.

1 돛이 있는 뜨는 것

— — — — — — —
         8

2 나사를 조이는 것

— — — — — — —
   9   14

3 막대 끝에 사탕이 달린 간식

— — — — — —
     12

4 이빨을 닦을 때 쓰는 것

— — — — — — —
 2

5 아침 식사용으로 시럽을 뿌려 먹는 것

— — — — — —
     10

6 노 젓는 기다란 배

— — — —
  15

7 가을에 색깔이 변하면서 떨어지는 것

— — — —
 5

8 하키를 할 때 퍽을 치는 도구

— — — — — — — —
      1   16

9 물감을 칠할 때 쓰는 기다란 도구

— — — — — —
 13   11

— — — —
  3

10 뜨거운 냄비를 잡을 때 손에 끼는 것

— — — —   — — —

11 홈런을 칠 때 쓰는 것

— — — — — —
    18

— — —
  6

12 어두운 곳을 비추는 데 쓰는 것

— — — — — —
    19

13 던지면 되돌아오는 장난감

— — — — — — —
    7   4

14 팬케이크를 뒤집을 때 쓰는 도구

— — — — — —
     17

비 올 때 도넛을 먹는 게 좋은 이유는?

— — —   — — —   — — — —   — — — — — — — — —
1 2 3   4 5 6   7 8 9 10   11 12 13 14 15 16 17 18 19

Art by Brian Michael Weaver

우주과학 퍼즐

아래 우주과학 용어 41개의 이름을 오른쪽 빈칸 수에 맞게 채워 넣으세요.
그다음에는 노란색 칸의 알파벳을 알맞게 배열해서 아래 수수께끼도 풀어 보세요.

4글자

CREW 승무원

FUEL 연료

MOON 달

TEST 시험

5글자

EAGLE 독수리

EARTH 지구

ORBIT 궤도

SOYUZ 소유즈

SPACE 우주

6글자

APOLLO 아폴로

CLOUDS 구름

GEMINI 제미니

LAUNCH 발사

METEOR 운석

OXYGEN 산소

PLANET 행성

ROCKET 로켓

SKYLAB 우주실험실

STAGES 단계들

STARRY 별이 총총한

STRAIN 긴장

7글자

AIRLOCK 에어록

CONTROL 통제

DOCKING 결합

ECLIPSE 일식

GRAVITY 중력

MERCURY 수성

MISSION 임무

SHUTTLE 왕복선

8글자

BLAST OFF 이륙

9글자

ASTEROIDS 소행성

ASTRONAUT 우주비행사

ASTRONOMY 천문학

DISCOVERY 발견

HALF-LIGHT 어스름

SATELLITE 위성

SPACEWALK 우주 유영

10글자

ATMOSPHERE 대기

EXPEDITION 탐험

SPACECRAFT 우주선

TRAJECTORY 궤도

그 우주비행사는 왜 이륙하는 동안 미소를 지었을까?

___ ___   ___ ___ ___   ___   ___ ___ ___ ___ ___ .
1   2   3   4   5   6   7   8   9   10   11

숨은 풍선 찾기

해파리들 속에서 풍선 22개를 찾아보세요.

글자 스도쿠

스도쿠마다 알파벳이 6개씩 있어요. 6개의 알파벳들을 가로 행마다 1번씩만, 세로 열마다 1번씩만 쓰세요. 이때 굵은 선으로 나뉜 3×2짜리 사각형 안에도 6개의 알파벳이 각각 1번씩만 들어가게 써야 해요. 그 다음에 색깔 칸의 알파벳을 빈칸에 쓰면 수수께끼도 풀 수 있어요.

알파벳: A R N T S F

			N		
	T		A		
S	N				
			S	A	
	S		R		
	T		F		

곤충들은 어디로 휴가를 갈까?

정답: _ _ _ _ _ _ _ .

알파벳: D P E R Y S

					P
E			R		S
D			P	R	
	E	P			Y
P		S			D
		S			

비밀 요원 거미류를 뭐라고 부를까?

정답: A _ _ _ _ _ _ _ .

곤충들의 계산

1번부터 9번까지 알아낸 알파벳을 순서대로 빈칸에 쓰면 수수께끼가 풀린답니다.

1. LOCUST(메뚜기)의 $\frac{1}{3}$ 의 뒷부분
2. MOSQUITO(모기)의 $\frac{1}{8}$ 의 뒷부분
3. WASP(말벌)의 $\frac{1}{4}$ 의 뒷부분
4. BEDBUG(빈대)의 $\frac{1}{2}$ 의 뒷부분
5. EARWIG(집게벌레)의 $\frac{1}{6}$ 의 뒷부분
6. INCHWORM(자벌레)의 $\frac{1}{4}$ 의 앞부분
7. SLUG(민달팽이)의 $\frac{1}{4}$ 의 뒷부분
8. MANTIS(사마귀)의 $\frac{1}{6}$ 의 앞부분
9. BEE(벌)의 $\frac{1}{3}$ 의 뒷부분

몸이 가려운 개가 벼룩에게 뭐라고 말했을까?

_S_ _T_ _ _ _ _ _   _ _ _ _ _ _ _   _ _ _!

140

그림자 놀이

각 그림자에 알맞은 아이스크림을 찾아보세요.

공룡 화석 발굴

아래 문제를 풀면서
미로를 빠져나가 보세요.

티라노사우루스 렉스는 좋은 반려동물이 될 수 있을까요?

네. 티라노사우루스 렉스는 다정하고 귀여워요.

음, 아니오.

티라노사우루스 렉스가 트리케라톱스를 사냥했다는 걸 어떻게 알 수 있나요?

몇몇 트리케라톱스의 몸에 티라노사우루스 렉스의 이빨 자국이 있어서.

티라노사우루스 렉스가 트리케라톱스를 몰래 따라다닌 흔적이 있어서.

과학자들은 어디서 화석을 조사하나요?

비바람에 깎여 공룡 시대 암석층이 드러난 곳이라면 어디나.

화석을 발견하게 해 달라고 기도한 뒤 아무 데나.

공룡 화석을 보고 나이를 어떻게 알아맞힐 수 있나요?

화석의 이빨과 꼬리깃털의 길이를 재서.

뼈에 나 있는 나이테를 세어서.

과학자들은 모든 공룡 화석을 다 발견했나요?

네. 이제 더 이상 발견할 화석이 없어요.

아니오. 새로운 종의 공룡 화석은 계속 발견되고 있어요.

도착

143

도전! 숨은그림찾기

이 그림에서 힌트 없이 28개의 숨은 그림을 찾아보세요.

별은 어디에?

설명을 잘 읽고 아래 빈칸을 채워 보세요.

아래 표 안의 숫자들은 그 숫자의 주변
(위, 아래, 오른쪽, 왼쪽, 대각선)에
별이 몇 개 있는지 나타내요.
별이 들어갈 수 없는 빈칸에 X표를 하고,
별이 들어갈 빈칸에 S표를 하세요.

도움말:

- 숫자 있는 칸에 별은 들어갈 수 없어요.
- 숫자 0과 닿아 있는 칸에 X표를 하세요.
- 별이 있다고 확신하는 곳에 먼저 S표를 하세요. 연필과 지우개를 써서 별이 들어갈 자리를 이리저리 궁리해 보세요.

이 표에는 별이 4개 있어요.

1			
2			1
		4	
1		3	

이 표에는 별이 10개 있어요.

	3		1		
					1
		2			2
	2	2	2		1
		2			
3				1	

외계 생명체들

5개의 조각 퍼즐이 각각 어디에 숨었는지 찾아보세요.

숫자가 가득한 집

그림 속에서 1부터 9까지 각 숫자를 그 수만큼 찾아보세요.
예를 들어, 숫자 1은 한 개, 숫자 2는 두 개, 숫자 3은 세 개가 숨어 있어요.

정답

5쪽

6-7쪽

8쪽

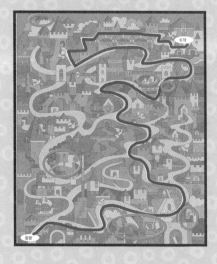

10쪽

1. 2마리
2. 줄 서서 기다리고 있었다
3. 스펀지
4. 분홍색
5. 작은 거북이 등껍질 위에

1번 집:일주일에 112마일
2번 집:일주일에 110마일
3번 집:일주일에 74마일
4번 집:일주일에 116마일

멜로디 부부는 3번 집을 선택하는 게 가장 좋아요.

11쪽

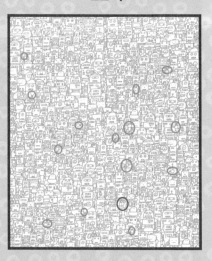

12-13쪽

1. mitten 장갑
2. crescent moon 초승달, 그믐달
3. needle 바늘
4. ruler 자
5. envelope 봉투
6. crown 왕관
7. heart 하트
8. artist's brush 붓
9. slice of pizza 조각 피자
10. wedge of lemon 조각 레몬
11. flashlight 손전등
12. egg 달걀

어떤 나무에 손이 있나요?
A PALM TREE 야자나무
PALM에는 '야자'라는 뜻 말고도 '손바닥'이라는 뜻이 있어요.

나무가 마시는 음료수는?
ROOT BEER 루트비어
루트비어는 식물의 뿌리로 만든 탄산음료예요. ROOT[루트]는 '뿌리'라는 뜻이에요.

14−15쪽

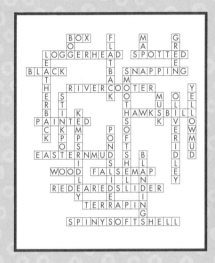

16−17 쪽

18−19쪽

1. String 끈
2. Sing 노래하다
3. Wing 날개
4. King 왕
5. Swing 그네
6. Sling 팔걸이붕대
7. Ring 팔찌
8. Cling 꼭 붙잡다
9. Sting 쏘다

20쪽

1	SO	X	SO
X	1	X	1
1	X	1	X
SO	2	SO	X

2	SO	X	O	X	1
X	SO	X	X	X	SO
1	X	4	SO	X	1
X	X	SO	SO	X	X
1	X	2	X	4	SO
SO	X	X	X	SO	SO

21쪽

22−23쪽

24–25 쪽

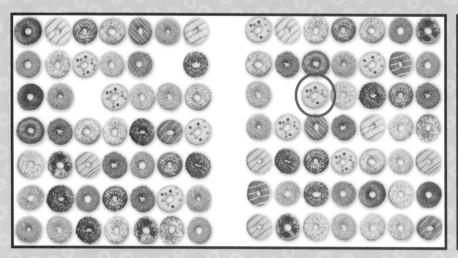

26쪽

27쪽

28–29쪽

30–31쪽

32–33쪽

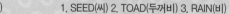

시계 방향

1. SOIL(토양) 2. TALK(말하다) 3. ROSE(장미)

4. DAMP(축축한) 5. TOOL(연장) 6. DROP(방울)

7. CORN(옥수수) 8. CARP(잉어) 9. HOES(괭이)

10. BEET(비트) 11. WOLF(늑대) 12. TEAM(팀)

13. MEAT(고기) 14. LEND(빌려주다) 15. BIRD(새)

16. LOAD(짐) 17. WEED(잡초) 18. BEAN(콩)

시계 반대 방향

1. SEED(씨) 2. TOAD(두꺼비) 3. RAIN(비)

4. DOLL(인형) 5. TASK(일) 6. DOME(반구형 돔)

7. CROP(작물) 8. COOL(시히다) 9. HARP(하프)

10. BORN(태어나다) 11. WEEP(울다) 12. TOES(발가락)

13. MELT(녹다) 14. LEAF(잎) 15. BEAM(빛줄기)

16. LINT(보풀) 17. WORD(단어) 18. BEAD(구슬)

34-35쪽

왜 곰은 양말을 신지 않을까요?
HE PREFERS TO GO BAREFOOT.
그는 맨발을 더 좋아해서.
BAREFOOT(맨발)과 BEAR FOOT(곰 발)의
발음이 비슷해서 생긴 수수께끼예요.

36-37쪽

38-39쪽

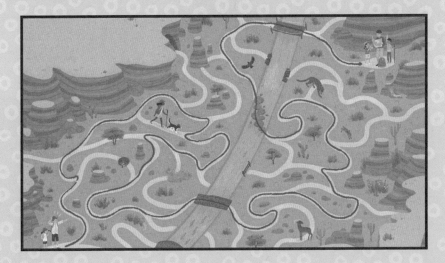

40쪽

아래의 길 말고 다른 길도 찾아보세요.
(보너스 : 8.5미터)

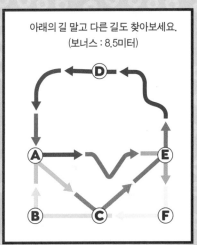

42 쪽

위
2명
로켓 팀
주황색
3개
우주선에

아래
땅돼지는 56봉투를 팔았고, 224달러를
벌었어요.

보너스

43쪽

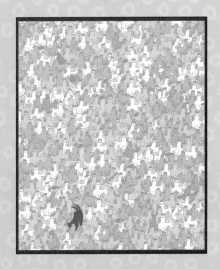

44–45쪽

1. CAN 깡통
2. CANDY CANE 지팡이 사탕
3. ICE CREAM CONE 아이스크림콘
4. BUTTON 단추
5. AIRPLANE 비행기
6. SPOON 숟가락
7. APPLE 사과
8. LIGHT BULB 전구
9. MAGNIFYING GLASS 돋보기
10. FORK 포크
11. CLOCK 시계
12. WEDGE OF LEMON 레몬 조각
13. CROWN 왕관
14. BANANA 바나나
15. GLOVE 장갑
16. RULER 자
17. MAGIC LAMP 요술램프
18. ENVELOPE 편지 봉투

46–47쪽

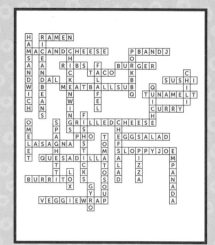

48쪽

49쪽

알파벳: I L E O K N

OINKLE 오잉클
돼지의 꿀꿀 우는
울음소리 OINK[
오잉크]에 삼촌
UNCLE[엉클]을
섞어서 만든 수수
께끼예요.

알파벳: A R H E S O

A little HOARSE
HOARSE(목 쉰)와
HORSE(말)를
섞어서 만든 수수
께끼예요.

1. 양
2. 수탉

50쪽

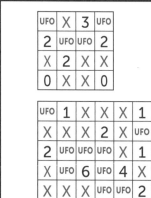

UFO	X	3	UFO
2	UFO	UFO	2
X	2	X	X
0	X	X	0

UFO	1	X	X	X	1
X	X	X	2	X	UFO
2	UFO	UFO	UFO	X	1
X	UFO	6	UFO	4	X
X	X	X	UFO	UFO	2
0	X	1	X	3	UFO

51쪽

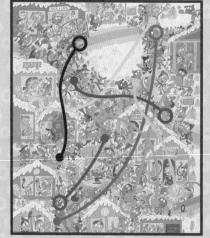

52–53쪽

SCARF 목도리

54-55 쪽

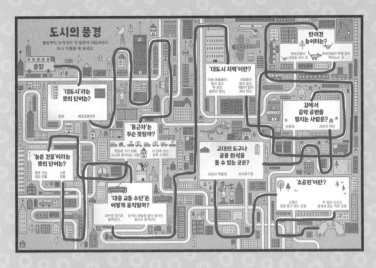

56쪽

57쪽

58-59쪽

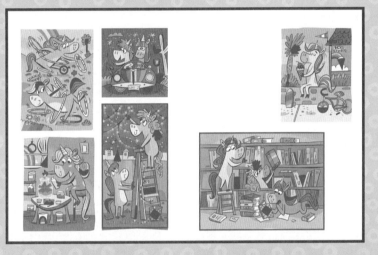

60-61쪽

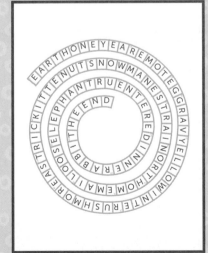

62-63쪽

1.EARTH 지구
5.HONEY 꿀
9.YEAR 해, 년
12.REMOTE 리모컨
17.EGG 알
19.GRAVY 그레이비
23.YELLOW 노란색

28.WINTER 겨울
33.RUSHMORE 러시모어
40.EAST 동쪽
43.TRICK 속임수
47.KITTEN 새끼 고양이
52.NUTS 견과류
55.SNOWMAN 눈사람

61.NEST 둥지
64.TRAIN 기차
68.NORTH 북쪽
72.HOME 집
76.EMAIL 이메일
81.LOOSE 헐거운
85.ELEPHANT 코끼리

93.TRUE 진실
96.ENTER 입구
100.RED 빨간색
102.DINNER 저녁 식사
107.RABBIT 토끼
112.THE END 끝

64–65쪽

1. DOG: Donkey Organizing Glasses
유리컵들을 정리하는 당나귀
2. BEE: Beavers Eating Eggs
알들을 먹는 비버들
3. ANT: Astronaut Numbering Tubas
튜바를 세는 우주인
4. PIG: Pandas Interviewing Goldfish
금붕어를 인터뷰하는 판다들
5. CAT: Camels Adoring Turtles
거북이들을 귀여워하는 낙타들
6. BAT: Bears Acting Tired
피곤한 듯 연기하는 곰들
7. EEL: Elephant Elevating Limousine
리무진 차를 들어 올리는 코끼리
8. RAT: Rabbits Arresting Turkeys
칠면조들을 체포하는 토끼들
9. COW: Crabs Ordering Waffles
와플을 주문하는 게들

66–67쪽

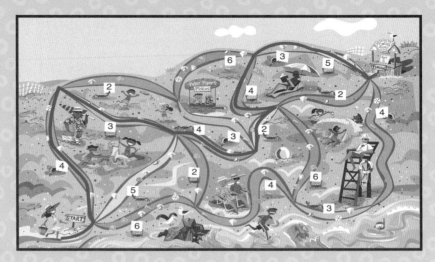

68–69쪽

70쪽

72쪽

위
1. 3마리
2. 왈왈왈
3. 노란색 / 초록색
4. 산
5. 나무 사이에

아래
개 비스킷용 반죽을 뭐라고 부를까요?
COLLIE FLOUR
채소 콜리플라워(CAULIFLOWER)와
개의 종류인 콜리(COLLIE),
밀가루[플라워](FLOUR)를 섞어서 만든
수수께끼예요.

73쪽

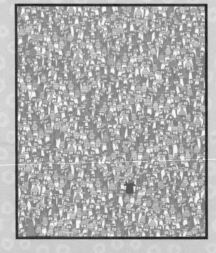

74–75쪽

1. nail 못
2. horseshoe 말편자
3. ship 배
4. banana 바나나
5. conch shell 소라 껍질
6. wishbone 위시본
7. ladder 사다리
8. carrot 당근
9. bell 종
10. fan 부채
11. doughnut 도넛
12. die 주사위

유령들은 알을 어떻게 가져갈까?
terri-fried terrified(무서운)와 발음이 비슷하게 만든 수수께끼예요.

해적 유령이 가장 좋아하는 차는?
boo-tea boo[부]는 해적들이 겁을 줄 때 내는 소리로, 이를 합쳐서 만든 수수께끼예요.

76–77쪽

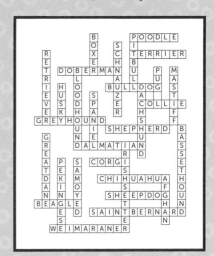

78–79쪽

80–81쪽

슈팅 스타(Shooting star)는 무엇일까요?
IT ISN'T A STAR AT ALL, IT'S A METEOR.
슈팅 스타는 별이 아니고 유성(meteor)이에요.

82쪽

X	X	X	0
2	B	X	X
X	B	3	X
B	3	B	1

B	2	X	2	X	X
X	X	B	B	X	1
X	3	B	6	B	X
X	X	B	B	X	1
B	3	X	2	X	X
2	B	X	X	1	B

83쪽

84–85쪽

155

86-87쪽

88쪽

89쪽

90-91쪽

92-93쪽

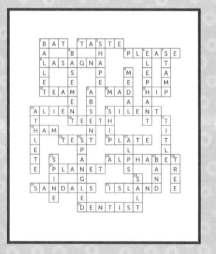

94-95쪽

96쪽

위	아래

위

알파벳:	A C H L N U				
L	U	H	C	N	A
N	A	C	H	U	L
H	N	U	L	A	C
C	L	A	N	H	U
U	H	L	A	C	N
A	C	N	U	L	H

우주비행사가 가장
좋아하는 식사는
무엇일까? LAUNCH

LAUNCH(발사)가 LUNCH(점
심 식사)와 발음이 비슷해서 생
긴 수수께끼예요.

알파벳:	O T E R C K				
R	K	T	E	C	O
C	O	E	R	T	K
K	R	C	T	O	E
T	E	O	K	R	C
O	T	K	C	E	R
E	C	R	O	K	T

발사된 후에야 작동하기
시작하는 건 무엇일까?
A ROCKET 로켓

로켓은 발사된 후에야
작동하기 시작해요.

아래

1. TEA 차
2. AIR 공기
3. EEL 뱀장어
4. LIAR 거짓말쟁이
5. TALE 이야기
6. ALIEN 외계인
7. START 시작하다
8. RAIN 비

97쪽

팀은 엘리베이터를 총 4번
갈아타야 한다.
주황 엘리베이터를 타고
5층에 내린 후 애완 달팽이를 구입.

1번 - 1층으로 가서 파랑
엘리베이터로 갈아탄 후
4층(피부 관리실)과 2층
(체육관) 방문.

2번 - 1층에서 주황
엘리베이터로 갈아탄 후
3층에서 책 구입.

3번 - 1층에서 파랑 엘리베이터로
갈아탄 후 6층에서 스무디 주문.

4번 - 1층에서 주황 엘리베이터로
갈아탄 후 7층에서 사진 찍기.

98-99쪽

100쪽

102쪽

위

1. 3마리
2. 공책에 기록하고 있었다
3. 파란색
4. 문어
5. 초록 물고기 위에

아래

1. 3.3달러
2. 4달러
3. 2.4달러
4. 4.8달러

103쪽

104-105쪽

1. BOOK 책
2. PARTY HAT 파티 모자
3. UMBRELLA 우산
4. COMB 머리빗
5. SLICE OF CAKE 조각 케이크
6. CANOE 카누
7. BROCCOLI 브로콜리
8. BOOMERANG 부메랑
9. CUPCAKE 컵케이크
10. PICKAX 곡괭이
11. SAUCEPAN 냄비
12. DOMINO 도미노
13. MUSICAL NOTE 음표
14. FISH 물고기
15. BANANA 바나나
16. HEART 하트
17. TOOTHBRUSH 칫솔
18. SNAKE 뱀
19. PENCIL 연필
20. FISHHOOK 낚싯바늘

106–107 쪽

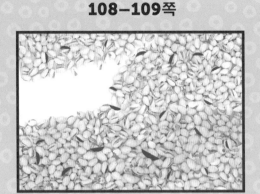

108–109쪽

110쪽

buffalo[bʌfəloʊ]버팔로
dough[doʊ]반죽
crow[kroʊ]까마귀
snow[snoʊ]눈
hoe[hoʊ]괭이
bow[baʊ]나비넥타이
arrow[æroʊ]화살표
banjo[bændʒoʊ]밴조

111쪽

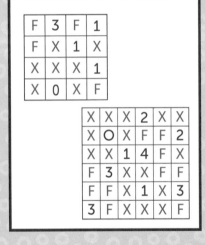

112–113쪽

114–115쪽

116쪽

158

117쪽

118쪽

119쪽

COW(젖소), OWL(올빼미), CROW(까마귀), CAT(고양이), CRAB(게), BAT(박쥐), BEAR(곰), RAT(쥐), TIGER(호랑이)

120-121쪽

122-123쪽

124-125쪽

126-127쪽

CRICKET
CRICKET에 '귀뚜라미', '크리켓(야구 비슷한 스포츠)'라는 두 가지 뜻이 있어요.
SQUASH
SQUASH에 '호박', '짓누르다'라는 두 가지 뜻이 있어요.

128-129쪽

130쪽

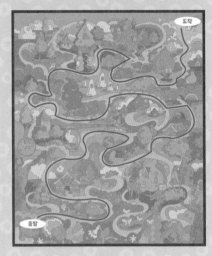

132쪽

위
1. 파란색
2. 10마리
3. 이겨라!
4. 무당벌레
5. 벽에

아래
 = 8.00달러

= 6.00달러

= 3.00달러

 = 5.00달러

133쪽

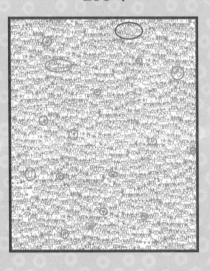

134-135쪽

1. SAILBOAT 돛단배
2. SCREWDRIVER 드라이버
3. LOLLIPOP 막대 사탕
4. TOOTHBRUSH 칫솔
5. WAFFLE 와플
6. CANOE 카누
7. LEAF 나뭇잎
8. HOCKEY STICK 하키스틱
9. ARTIST'S BRUSH 붓
10. OVEN MITT 오븐 장갑
11. BASEBALL BAT 야구 방망이
12. FLASHLIGHT 손전등
13. BOOMERANG 부메랑
14. SPATULA 뒤집개

비 올 때 도넛을 먹는 게 좋은 이유는?
YOU GET MORE SPRINKLES.
스프링클을 더 많이 얻을 수 있어서.
SPRINKLE(스프링클)에 설탕 가루, 보슬비라는 두 가지 뜻이 있어서 만들어진 수수께끼예요.

136-137쪽

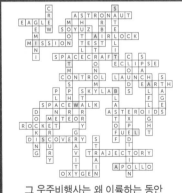

그 우주비행사는 왜 이륙하는 동안
미소를 지었을까?
IT WAS A BLAST. 그것은 정말
신나는 경험이어서.
BLAST에 '신나는 경험', '폭발'이라는
두 가지 뜻이 있어서 만들어진
수수께끼예요.

138-139쪽

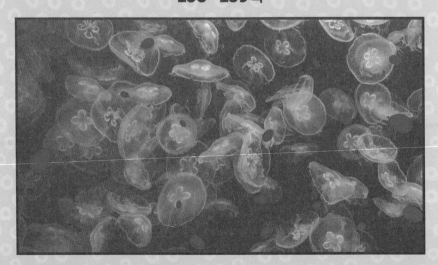